AF563917

LE
HAUT-MÉKONG

OU

LE LAOS OUVERT

PAR

PAUL BRANDA

NOUVELLE ÉDITION

Contenant une Carte du Haut-Mékong, dressée par M. C. de Fesigny, et augmentée de deux nouvelles Cartes et d'un Appendice contenant deux Lettres de MM. Noël Pardon et de Fesigny.

PARIS
LIBRAIRIE FISCHBACHER
(SOCIÉTÉ ANONYME)
33, RUE DE SEINE, 33
1889

LE HAUT-MÉKONG

OU

LE LAOS OUVERT

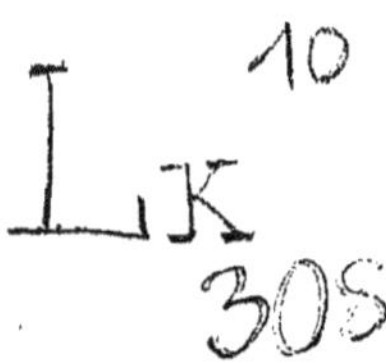

OUVRAGES DU MÊME AUTEUR

	Fr. C.
Réformes navales : *La France sur l'Océan. — Paris, port de mer.* Brochure in-18. 1888	1 —
La Mer universelle : *La France sur l'Océan.* Brochure in-18. 1888	1 —
Ça et là. — Cochinchine et Cambodge — *L'âme Khmère. — Ang-Kor.* 1 vol. in-12	3 50
Soleil d'automne. 1 vol. in-12	3 50
Autour du monde. 1 vol. in-12	3 50
Contre vent et marée. 1 vol. in-12	3 50
Lettre d'un marin. — Calédonie. — Le Cap. — Sainte-Hélène. 1 vol. in-12	3 50
Les trois Caps, journal de bord. 1 vol. in-12	3 50
Réflexions diverses. Séries I à IX. 9 vol. in-18 à	1 —
En mer. 1 vol. in-12	1 —
Récits et Nouvelles. 1 vol. in-12	1 —
Mers de l'Inde. 1 vol. in-12	2 —
Mers de Chine. 1 vol. in-12	2 50
Un jour à Monaco. 1 vol. in-18	1 —
A Barcelone. 1 vol. in-18	1 —
Pouvoir spirituel et pouvoir temporel. Brochure in-12	— 60
La Représentocratie. Brochure in-8°	1 —
De la République constitutionnelle. — Calhoun. — Étude sur le gouvernement des États-Unis. Brochure in-12	— 50
La République rurale. 1 vol. in-12	1 50
République et Gouvernement en province. Brochure in-8°	— 75
Liberté départementale. Brochure in-8°	— 30
Commune et République. Brochure in-8°	— 50
Communeux. Brochure in-8°	— 40
Monarchie et République. Brochure in-12	— 50
L'Assemblée Perpétuelle. Brochure in-12	— 40
Les Droits de l'homme. Brochure in-12	— 80
La Religion et l'Instruction aux États-Unis. Brochure in-12	— 50
La Démocratie et la Liberté. Brochure	— 50
La Colonne. Brochure in-8°	— 25

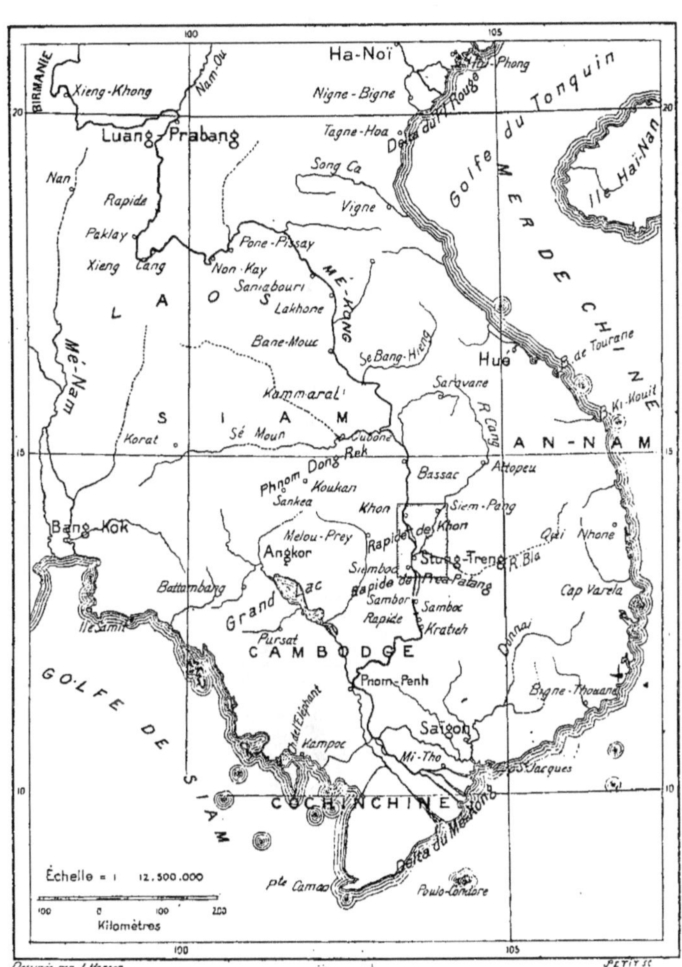

Dessinée par J. Hansen

PETIT SC

LE HAUT-MÉKONG

OU

LE LAOS OUVERT

PAR

PAUL BRANDA

NOUVELLE ÉDITION

Contenant une Carte du Haut-Mékong, dressée par M. C. de Fesigny, et augmentée de deux nouvelles Cartes et d'un Appendice contenant deux Lettres de MM. Noël Pardon et de Fesigny.

PARIS
LIBRAIRIE FISCHBACHER
(SOCIÉTÉ ANONYME)
33, RUE DE SEINE, 33
1889

STRASBOURG, TYPOGRAPHIE DE G. FISCHBACH

LE HAUT-MÉKONG

OU

LE LAOS OUVERT

RAPIDES DE SAMBOC, 12 *novembre* 1884.

Avec ma chaloupe à vapeur, j'ai vainement tenté de passer les rapides de Samboc... il y avait des tournoiements d'une telle violence dans le labyrinthe des roches qu'il fallut y renoncer.

Des arbres riverains arrachés par le courant, puis arrêtés plus tard par un obstacle, roches ou amoncellements de sable, prennent racine au milieu du fleuve pendant les basses eaux, alors qu'elles sont tranquilles. Pendant sa crue, le flux arrache leur feuillage, — c'est leur hiver; quand ils émergent, ils se couvrent de boutons et poussent bientôt leurs feuilles printanières.

A la pointe d'une berge, au pied de falaises couvertes d'une végétation touffue, en face d'une embouchure d'arroyo sorti de la forêt noyée, le courant bouillonne et s'élance avec une vitesse vertigineuse, tout chargé de flocons d'écume. Là de nombreux syrénides se livrent à la pêche avec ardeur. A tout instant, pour échapper à leurs attaques, de superbes poissons bondissent hors de l'eau, et, le temps d'un éclair, ces syrénides montrent, pour respirer, leur dos rond ou leur tête semblable à celle d'un phoque, autant que j'ai pu juger pendant des apparitions si courtes. Ils m'ont fort intrigué, car je n'ai pu me faire une idée nette de leurs formes.

A nos côtés, un singe, confiant sans doute dans notre antique parenté, descendait d'un arbre fort paisiblement, sans prendre garde à ma présence; un écureuil volant sautait de branche en branche, passant comme une balle au-dessus de ma tête; non loin de là, sur du sable chauffé par le soleil, un énorme caïman, engourdi dans les douceurs de la digestion, rêvait.

Souvent le courant ronge la berge là où un arbre vigoureusement implanté enlace un rocher de puissantes racines, il résiste alors, en pleine eau, d'une façon surprenante, aux violences du flux qui monte à l'assaut, en amont, le long de son écorce et se creuse en aval d'un sillon fixe et profond. En certains endroits, le fleuve est un vrai taillis, taillis immergé de plusieurs mètres pendant la crue, de sorte qu'à cette époque les jonques passent au-dessus, comme un ballon au-dessus d'une forêt.

Quand on contemple, en novembre, la hauteur de

ces berges inondées en juillet et que l'on songe qu'elles doivent encore émerger de cinq mètres, on reste stupéfait. C'est certainement un des grands spectacles auxquels j'ai assisté dans mes courses autour du monde.

Aux rapides la crue varie, dit-on, de 10 à 15 mètres, et là le fleuve a 3 kilomètres de largeur.

Quelle prodigieuse masse liquide, chargée de détritus de toutes sortes, doit rouler sur ces rapides... Il le faut, sa puissance doit être proportionnée à son travail, et il a tant à faire, le noble fleuve!...

Augmenter annuellement le territoire de la Cochinchine et du Cambodge,

Nourrir deux peuples en fécondant leurs rizières de son limon,

Remplir les grands lacs, cette petite mer,

Enfin régler ses affaires d'intérieur et de ménage, faire et défaire ses îles, déplacer ses bancs, ici détruire ce cap, là creuser cette berge, allonger cette pointe...

Puis mes réflexions m'entraînant, je fis un retour sur le passé...

Il y a vingt ans, au pied de cette même falaise, je contemplais ces rapides, je les couvais d'un regard de colère, je m'irritais contre cette barrière qui nous fermait l'accès de l'inconnu... et je me sentis saisi d'un immense désir d'aller au delà.

Au retour, à Pnom-Penh, je dis à de la Grée :

— Nous ne nous arrêterons pas devant les obstacles de Samboc, j'imagine ; il faut aller au delà.

— J'y pense bien, me répondit-il de son air rêveur, calme et doux.

— Si vous avez besoin d'un compagnon ?

— Pourquoi pas.

Mais qui fait ce qu'il veut en ce monde ?

De la Grée, le héros du Mékong, devait avoir pour compagnon Francis Garnier, le héros du Tonkin.

Pendant deux années, de la Grée mûrit son plan ; puis partit...

Il partit et mourut au but...

Qui meurt au but ici-bas ?... c'est le petit nombre des élus.

Il mourut au but, sûr de sa gloire.

S'il ne lui fut pas donné d'en jouir vivant, il en eut la claire vision à sa dernière heure.

Ses compagnons rapporteraient le fruit de ses travaux.

Près de la ville de Tong-Tchouen, où la mort mit fin à ses souffrances physiques qui n'avaient pas un instant altéré son indomptable énergie, ses compagnons élevèrent à sa mémoire un monument funèbre... Une auréole de poésie entoure ce mausolée, le seul qui ait encore abrité les ossements d'un homme de notre race dans ces mystérieuses contrées [1].

[1] Ce tombeau ne renferma que quelques jours les restes du noble de la Grée ; Francis Garnier, en expédition pendant la mort de son chef, les fit transporter à Saïgon.

SAIGON, 22 *octobre* 1885.

Il suffit de jeter un coup d'œil sur la carte de Dutreil de Rhins pour comprendre l'importance du marché de Stung-Treng; c'est le point logique où doit aboutir tout le commerce extérieur du Laos. Toutefois cette importance actuelle, quoique considérable, n'est rien auprès de ce qu'elle pourrait et devrait être. On reste stupéfait de voir certains produits, évitant la route si rationnelle de Pnom-Penh, prendre la route interminable de Bangkok.

Comme importante raison de cet ordre de choses anormal, il faut compter la piraterie. Jusqu'à ce jour, les rapides, de Samboc à la frontière, se sont opposés à toute surveillance dans ce labyrinthe d'îlots, refuge désigné des écumeurs du fleuve.

Aujourd'hui les navires des messageries fluviales reviennent de Batambang, chargés à couler bas de produits qui se rendaient à Bangkok pour éviter les pirates des lacs.

Le commandant de la marine à Saïgon, mû par cette conviction que, s'il était possible de faire remonter nos navires à Stung-Treng, on accaparerait aisément par le

Mékong tout le commerce du Laos, résolut de tirer au clair la question suivante :

Pendant une partie de l'année, est-il possible de communiquer par bateaux à vapeur avec Stung-Treng comme on communique avec Batambang pendant trois mois?

Le commandant de la marine revenait sans cesse à cette idée qu'une marée de 11 à 14 mètres offre bien des ressources.

Le gouverneur, M. Thomson, entra dans ces vues, une campagne hydrographique dans les rapides fut décidée. M. de Fesigny, commandant la *Sagaie*, fut chargé de ce travail.

Le 30 août 1884, après avoir franchi le rapide de Samboc-Sambor, M. de Fesigny commença ses études par la rive gauche et reconnut les parages sud-est de Ca-Lomieux. La plupart des îles de cette région, couvertes d'une végétation touffue, sont présentement désertes.

Ca-Croc est habité par des Penons, Ca-Réa par des Annamites et des Chinois.

Sur la terre ferme, d'immenses rizières abandonnées témoignent irrécusablement de la dépopulation du pays. Cet état de choses, d'après l'affirmation des misérables habitants des rares débris d'anciens villages, serait dû aux incursions des Siamois et des Laotiens, qui ont trouvé simple et lucratif d'enlever les gens du pays et de les vendre comme esclaves.

Le fait est si vrai que M. de Fesigny, pendant son séjour dans les rapides, reçut les plaintes de deux chefs penons dont les tribus venaient d'être victimes de semblables enlèvements.

La circulation de nos canonnières dans ces parages mettrait un terme à la piraterie et arrêterait, au moins en partie, ces incursions.

Généralement la tête des îles est formée par une pointe de roches; cette pointe s'accentue quand on s'avance dans le nord et dans l'est. Chaque île semble formée à l'abri du courant en aval d'une masse rocheuse.

Dans l'est, le nombre des îles est bien plus considérable que dans l'ouest. De même pour les roches. La rive mauvaise est celle de l'est. Ce fait paraît bien naturel si l'on songe que le fleuve court au bas et le long des dernières pentes des montagnes de l'Annam. Les rapides doivent donc être formés par une arête prolongeant les contreforts de ces montagnes et s'étendant en travers du fleuve. Les têtes des îles seraient les sommets de cette arête, dont les passes seraient les cols. Ce qui le prouve, c'est que la partie ouest est plus profonde et moins rocheuse; le niveau du sol y est également moins élevé.

Les tentatives de M. de Fesigny commencèrent par la rive gauche; mais presque immédiatement, au nord de Ca-Po, cet officier se trouva en face du rapide porté sur la carte de Lagrée, *premier rapide dangereux*. Le renseignement de M. de Lagrée était parfaitement exact;

on se trouvait là en face d'un obstacle insurmontable. Le commandant de la *Sagaie* abandonna cette rive et dirigea ses recherches vers la rive droite, plus facile à pratiquer, au dire des gens du pays, au moins jusqu'à Préa-Patang.

La rive gauche du fleuve, au début, ne présente, en effet, aucune difficulté de navigation.

En longeant la grande île de Ca-Lomieu qui mesure près de 20 milles de long, on ne rencontre presque aucun danger jusqu'au nord de Ca-Prien. Cette île se termine la première par une pointe de roches émergée aux eaux hautes.

M. de Fesigny y prit plusieurs latitudes et arrêta là son travail de 1884.

Le 7 octobre, la baisse du fleuve obligeait la canonnière à quitter les lieux.

Le 24 décembre 1884, le commandant de la *Sagaie* partit de Saïgon pour reprendre son travail aux basses eaux. Ce genre de travail s'impose. Évidemment, le fleuve ne pourra être connu que par une enquête sévère, faite à la saison sèche, des chenaux les plus profonds et des dangers alors à découvert. L'étroit lit du torrent révèlera la passe pour la saison des pluies.

Presque partout des blocs de roche dure (grès et silex) forment le fond du fleuve. Ces blocs prennent toutes les positions, couchés, droits, ou appuyés sur d'autres blocs leur servant d'assises. Aux hautes eaux, on peut aisément passer près de ces écueils sans les reconnaître ; à la saison sèche non seulement les dangers se montrent à nu, mais ils sont alors d'une destruction aisée. On pourrait en faire disparaître bon nombre. Les arbres jaillissant du fond sont les obstacles les plus fréquents, sinon les plus redoutables. Rien n'empêcherait alors de les couper... mais de les couper avec mesure, car on ne doit pas voir en eux seulement des écueils, mais souvent aussi des balises naturelles.

Le 7 janvier 1885, M. de Fesigny partait de Kratié pour commencer l'étude capitale du fleuve pendant la saison sèche. L'entreprise fut arrêtée par la révolte du Cambodge qui éclatait ce jour-là même; le quartier-maître de timonerie Morisseau tombait glorieusement frappé d'une balle dans la triste affaire de Sambor.

Dès lors, il fallait renoncer pour cette année à un résultat véritablement sérieux. La saison favorable de 1885 perdue par la force des choses, il fallait attendre les hautes eaux pour tenter un coup hardi, beaucoup à l'aveuglette. Il s'agissait bien moins de construire une carte, travail sans valeur absolue, opéré dans ces conditions, que de constater s'il était possible ou non d'atteindre la frontière, point où le fleuve, on le savait positivement, redevient navigable.

L'avantage, si l'on pouvait passer les rapides, de se rendre à Stung-Treng, ne faisant doute pour personne, la construction d'une carte s'imposerait et le gouvernement n'hésiterait pas devant l'envoi d'une sérieuse mission hydrographique.

Le 3 août 1885, M. de Fesigny reprit donc son étude du haut Mékong.

A partir de Ca-Prien la navigation devient plus difficile; les arbres sont disséminés dans le fleuve, mais les roches sont encore peu nombreuses.

Au nord de Ca-Pra, nous rencontrons le grand rapide de Prasco; il n'est pas dangereux, la passe est large et profonde, le courant très fort. Il faut éviter de le traverser si le fleuve charrie des troncs d'arbres; on pourrait, gouvernant mal dans les tourbillons, avoir beaucoup de peine à éviter le choc de ces épaves réunies au milieu du rapide en une ligne noire qui serpente d'une façon continue. On doit alors longer la ligne des tourbillons en les tenant à gauche en montant; sur la rive droite, apparaît la première roche émergée aux eaux presque hautes.

Le 28 août la *Sagaie* arrivait au nord de Ca-Lomieu (île dont M. de Fesigny désespérait de voir la fin) et se trouvait en vue de l'énorme agglomération d'îles formant la barrière de Préa-Patang. La végétation y est incomparablement plus belle que dans le sud. Plusieurs de ces îles sont habitées par les Penons. Le chef penon du village de Ca-Trum a rendu les plus grands services au commandant de la *Sagaie*. C'est sur ses indications que le commandant de la marine franchit, avec le torpilleur 44, la barrière de Ca-Tomban. Malheureusement l'extrême timidité de ces populations, fuyant à l'approche des Européens, ne permit à M. de Fesigny que d'entretenir avec elles des relations tardives ; plus tôt nouées, ces relations auraient pu lui être d'un grand secours.

Les parties défrichées des îles produisent un beau riz sec et deux variétés de millet blanc et noir dont les habitants font leur principale nourriture. Le riz sert surtout comme article d'échange et pour l'acquittement de l'impôt. Car le gouvernement du Cambodge connaît l'existence de ces pauvres gens pour les rançonner. On y cultive également le maïs et la canne à sucre. Les bois se composent principalement de yaos propres à la construction des pirogues et de kalambas propres à la fabrication des pagayes. Sur les bords du fleuve poussent quantité de vignes sauvages chargées d'énormes grappes de raisin très serrés. Aux premiers jours de septembre, il est à l'état de verjus. A la saison sèche, la vigne meurt en apparence, il n'en reste que les racines et le collet, d'où s'élancent, à la saison suivante, des pampres vigoureux. La nature s'est chargée de la taille. On trouve deux espèces de letchis et le giroflier sauvage. Les arbres des îles, résineux pour la plupart, portent de nombreuses entailles, traces d'une ancienne exploitation importante à une époque où le pays était moins dépeuplé. Le sol des îles, très irrégulier, est formé de sable, de cailloux roulés et de roches. Les gibiers de tous genres, mais surtout les cerfs de toutes espèces, y abondent.

Lorsque M. de Fesigny atteignit la tête de Ca-Lomieu,

il se trouva en face de la difficulté suprême, la barrière de Préa-Patang, qui s'étend — on en a la certitude aujourd'hui — d'une rive à l'autre.

Dans l'est, les courants sont peu violents, les roches nombreuses, les fonds petits. Dans l'ouest, c'est l'inverse : beaucoup d'eau, peu de roches, des courants très forts. Entre ces deux extrêmes, on devait, selon toute vraisemblance, trouver un état moyen. Ces présomptions se vérifièrent.

Lorsque le commandant de la marine remonta dans le haut fleuve, il trouva M. de Fesigny arrêté devant le barrage de Ca-Tomban. Il eût été de la dernière imprudence d'en tenter le passage avec la canonnière. Parti de Saïgon avec la résolution de franchir le barrage avec un navire à grande vitesse, le commandant de la marine avait emmené, dans ce but, le torpilleur 44. Le 8 septembre 1885, il tentait heureusement l'entreprise et poussait une pointe jusqu'à Stung-Treng, où paraissait pour la première fois un bateau à vapeur.

Le torpilleur avait franchi, c'était une promesse pour l'avenir; ce n'était pas encore un résultat pratique.

Enfin le 20 septembre, le succès couronnait la ténacité de M. de Fesigny.

La *Sagaie,* à cette date mémorable dans la future histoire du Cambodge, passait à son tour le barrage de Ca-Tandon, non sans difficulté, car le commandant vit culer sa canonnière à 7 nœuds et demi de vitesse. Le problème était résolu, la barrière de Préa-Patang avait été franchie par deux passes, la route de Stung-Treng et du Laos s'ouvrait devant nous.

La passe Fesigny ne présente aucune difficulté, seulement elle a moins d'eau que la passe de Ca-Tomban ouverte par le commandant de la marine.

En somme les rapides demandent à être pratiqués par des navires appropriés à cet usage, à roues plutôt qu'à hélice, calant peu, marchant 12 nœuds, des navires dans le genre de ceux du Rhône. Le rapide de Pierre-Châtel offre certes plus de difficultés que celui de Ca-Tandon. Journellement, sur les fleuves d'Amérique, on affronte de bien autres dangers.

Des bâtiments qui feraient le service deux ou trois mois, comme ceux de Battambang, draineraient tout le commerce du Laos.

Quand il fut question de créer un service à Battambang, on objecta que, ce service ne fonctionnant que trois mois au plus, les commerçants de Battambang, dont les correspondants habitaient Bangkok, ne changeraient pas la destination de leurs marchandises. Cette assertion ne s'est pas vérifiée, le service hebdomadaire ne suffit déjà plus et jamais un navire ne quitte ce marché sans laisser sur l'embarcadère trois ou quatre fois la valeur de son chargement.

Il en serait de même pour le haut fleuve, où les produits, pour arriver à Bangkok ou au Bin-Thuan, doivent traverser d'immenses espaces, sans protection bien certaine contre le brigandage. Les producteurs aimeraient mieux écouler en deux mois les produits de l'année que de les risquer sur une route longue, dispendieuse et dangereuse.

L'hydrographie des rapides de Samboc à la frontière, où le fleuve est libre, a été faite par M. de Fesigny d'une façon fort irrégulière. Les difficultés de communications, par de tels courants, n'ont point permis d'opérer une triangulation complète. C'est une série de triangulations rectifiée par les latitudes. Sous un climat écrasant, le travail nécessaire pour un tracé correct, avec les conditions d'un canotage toujours très pénible et souvent périlleux, est d'ailleurs au-dessus des forces d'un seul observateur.

Il reste à parler du régime des eaux. A peine est-il présentement possible d'en donner un aperçu. L'étude commencée en 1884 à Sambor, le 15 août, a été arrêtée à la prise de ce poste par les rebelles. Depuis le 1er janvier 1885, M. de Fesigny a pu obtenir journellement l'observation du fleuve à Kratié; la courbe des eaux pour 1885 à Kratié sera la seule donnée positive.

Les changements de niveau à Sambor et à Kratié ont des valeurs différentes. A Sambor, la baisse est de 11 mètres; à Kratié, de 14 mètres. La baisse des eaux est à peu près inversement proportionnelle à la largeur du fleuve en ces deux points.

En 1884, les eaux ont été hautes le 15 août; après avoir baissé de 2 mètres, elles ont remonté le 18 septembre à 0m,60 au-dessous du niveau d'août.

En 1885, les eaux ont eu un premier maximum le 18 août, et le 17 septembre elles ont dépassé de $0^{m},40$ le niveau d'août.

Ce double mouvement sera régulier; suivant l'affirmation des gens du pays, il se produit toujours en août et en septembre.

Les basses eaux ont eu lieu, en 1885, le 12 avril; la différence de niveau à Kratié, du 12 avril au 17 septembre, a été de $14^{m},35$.

Il serait urgent d'organiser un service chargé de l'étude du mouvement des eaux sur différents points. Cette étude a de l'intérêt sous cet aspect : l'énorme dénivellation du fleuve est une source de richesses pour le Cambodge, les berges sont cultivées au fur et à mesure de la descente et les plantations suivent la baisse des eaux.

Au point de vue de la navigation, il n'y a pas lieu d'insister sur l'importance de ces observations.

Le commandant de la marine, en prescrivant la reconnaissance des rapides pendant les hautes eaux, ne s'est point illusionné sur la valeur d'un semblable travail, il ne pouvait être qu'incomplet.

Cet officier s'est seulement proposé de résoudre ce problème :

Le passage des rapides, de Samboc à la frontière, est-il possible pour un bateau à vapeur?

La réponse a été positive :

Les rapides proprement dits sont très navigables;

quant au barrage de Préa-Patang, il peut être franchi sans trop de difficultés.

Maintenant cette question se pose :

L'ouverture du Laos vaut-elle le travail d'une sérieuse campagne hydrographique?

Cette campagne hydrographique est-elle justifiée par la perspective de voir, d'une part, nos bateaux arriver au pied des cataractes de Kong?... de l'autre, d'avoir la certitude de pénétrer, par la rivière d'Ato-Peu, dans la région minière du Laos?

Le torpilleur 44 a paru à Stung-Treng, la canonnière la *Sagaie* a pénétré dans le fleuve libre; aux prochaines hautes eaux on peut espérer voir nos navires se montrer à Kong et à Siempang.

Ce sera un nouveau pas en avant.

Notre génie s'arrêtera-t-il devant Kong?

Je ne le pense pas.

La navigabilité du Mékong!... il y a là une œuvre digne de passionner notre siècle amoureux des grandes entreprises et de tenter nos ingénieurs pour qui il n'y a pas d'impossible... mot d'ailleurs qui n'est pas français.

Mais une entreprise aussi colossale doit être préparée par de laborieuses études... il faut avant tout connaître le fleuve, s'y avancer pas à pas, le théodolite et le niveau à la main.

Le premier pas aujourd'hui, c'est une sérieuse enquête des rapides de Samboc à la frontière.

Pour le moment, une bonne carte suffira pour nous conduire à Stung-Treng, le marché du Laos.

PREMIER PASSAGE DES RAPIDES DE SAMBOR

Le 7 septembre, au petit jour, je quittai Krattié, considéré, il n'y a pas longtemps encore, comme le dernier point, sinon accessible, du moins réellement navigable du haut Cambodge. C'est à Krattié que s'arrêtent présentement les messageries fluviales.

Vers les sept heures du matin, nous entrions dans les premiers rapides de Sambor, regardés jadis comme infranchissables; depuis les belles études de M. de Fesigny, aller à Sambor est considéré comme un jeu d'enfant.

Grâce aux travaux du commandant de la *Sagaie,* la navigation jusqu'au nord de Ca-Prien n'offre plus la moindre difficulté; mais, pour reconnaître cette route, il fallait toute l'habileté, la constance et l'énergie de cet officier.

Au nord de Ca-Prien, les obstacles s'accentuent, non seulement les arbres jaillissant du fond deviennent plus nombreux, mais des massifs semblent barrer complètement la rivière.

Les arbres immergés constituent pour les hélices un véritable danger.

Après divers barrages d'arbres, en somme assez aisés à franchir, on tombe dans la région des tourbillons... A tout moment il se forme des dénivellations considérables; on voit, au même point, l'eau monter et descendre avec une étonnante rapidité. Ailleurs elle bouillonne, comme si une masse considérable de gaz se dégageait subitement du fond... Mais ce qui frappe surtout, c'est la profondeur des entonnoirs qui s'ouvrent tout à coup à la surface, engouffrant de grands bois flottants.

La canonnière tourmentée a des mouvements de roulis aussi prononcés qu'à la mer.

Une double remarque eut une grande influence sur mes décisions ultérieures : la canonnière gouvernait dans ces conditions beaucoup moins mal que je ne l'aurais préjugé. Les troncs d'arbres tournoyaient par leur inertie, mais il était clair que plus le navire franchirait le tourbillon avec vitesse, moins il serait dérangé de sa route.

Quant au torpilleur, bien que sa vitesse fût réglée sur celle de la canonnière, il ne semblait gêné en rien et ne manifestait aucun des mouvements désordonnés de son chef de file. Cette observation, faite par le commandant de la *Sagaie*, ne tomba pas dans l'oreille d'un sourd.

Après avoir franchi la région des grands tourbillons,

nous entrons dans une zone d'un aspect tout nouveau. Les arbres noyés deviennent plus nombreux, les îles se fragmentent, se multiplient, se resserrent; de telle sorte que, pour atteindre le petit village des Penons, seuls habitants de cette partie des rapides, il faut passer fort près d'un massif d'arbres qui barrent presque complètement le chenal.

A partir de l'île de Ca-Prien, on ne peut se défendre d'une impression d'inquiétude : la violence du courant s'accentue de plus en plus, on se sent environné de dangers indiqués par des dénivellations. Les îles couvertes de hautes forêts d'un vert noir prennent un aspect mystérieux. Des arbres couchés, parsemés partout, ancrés on ne sait en vertu de quel miracle, avec leurs branches dépouillées (qui seront couvertes de verdure aux basses eaux), arrêtent des amas d'écume sale. L'eau de plus en plus bourbeuse se brise avec fureur contre tous les obstacles avec une vitesse que l'imagination exagère. Enfin un ciel constamment orageux et de fréquents éclairs achèvent de donner à ces lieux un aspect sinistre. Malgré la confiance absolue que m'inspire M. de Fesigny, j'ai les nerfs tendus et l'esprit préoccupé.

Nous mouillons devant le village des Penons.

J'envoyai l'interprète à terre avec un Cambodgien, esclave du gouverneur de Samboc.

Le chef du village penon se fit attendre. La première fois que M. de Fesigny avait mouillé en cet endroit, les gens du village s'étaient enfuis. A sa seconde apparition, la curiosité avait retenu ces sauvages, rassurés par le respect absolu de leurs habitations à la première visite. Des dons de sel et de menus objets en avaient fait des amis de la canonnière.

Un vrai sauvage, ce chef penon, dans toute la crasse et la misère de notre nature primitive avec un beau corps d'homme robuste, au visage point laid, mais défiant. Il portait pour vêtement un morceau de cotonnade bleue passé entre les jambes, un veston de cotonnade blanche qu'il n'avait jamais eu même la pensée de laver.

Deux jeunes compagnons vêtus d'un simple morceau de cotonnade bleue autour des reins escortaient le chef du village.

L'un d'eux, la tête penchée en avant, les bras chastement croisés sur la poitrine et lui couvrant les seins, osait à peine lever les yeux.

— Oh, la jolie fille! m'écriai-je ravi.

C'était le profil grec dans toute sa noble simplicité, la beauté grecque dans toute son harmonieuse pureté de lignes, avec un front plus ample.

Mais ce qui me frappait par-dessus tout, c'était l'expression d'extrême timidité de ce visage et de cette pudeur virginale qui commande le respect.

Aussi fus-je complètement abasourdi quand l'interprète me dit avec un sourire quelque peu moqueur :

— Mais c'est un des fils du chef de village!...

N'importe, avec ce teint de bronze clair, c'était bien

la beauté parfaite, pure, idéale, sans sexe... beauté qui a dû inspirer la représentation, sous des traits humains, de pensées abstraites, comme le génie.

Quelle n'eût pas été la joie d'un sculpteur devant un pareil modèle!... Suivant son tempérament et le tour de son esprit, il eût baptisé sa statue du nom de « la timidité », « l'innocence », « la pudeur », de je ne sais quoi; mais, à coup sûr, il n'eût pas songé à en faire un être grossier de sang et de chair.

Hélas!... la perfection n'est pas de ce monde, une couche de crasse couvrait cette merveille d'un voile impur ; ses cheveux emmêlés donnaient l'idée de broussailles offrant un asile sûr et inviolé à des hôtes incommodes.

Le chef portait les cheveux longs, relevés en chignon derrière la tête.

Sur ces trois visages, d'ailleurs très divers, prédominait un même sentiment, la crainte.

Tout en eux était craintif, le regard, la pose, le geste...

La défiance et la crainte doivent bien, en effet, hanter la cervelle de ces pauvres sauvages placés entre l'enclume et le marteau, à la frontière commune de deux peuples, forts d'une civilisation relativement avancée, très cruels, très barbares et tous les deux très avides d'esclaves.

C'est à deux milles en amont de ce village que M. de Fesigny s'était buté contre un obstacle infranchissable. Son excellente embarcation et ses vigoureux rameurs avaient été impitoyablement refoulés; vainement ils avaient essayé de s'en rapprocher en se halant de branche en branche à une forêt à demi noyée. Il avait dû se borner à contempler de loin un de ces spectacles de violence de la nature, dont la vue seule inspire la terreur.

Aussi M. de Fesigny avait-il porté sur sa carte *barrage infranchissable*, s'apprêtant d'ailleurs, avec son incroyable ténacité, à chercher une nouvelle passe.

L'interprète avait passé au lieu précis de ces tourbillons aux basses eaux en sautant de roche en roche; autant en avait fait l'esclave du gouverneur de Samboc. Cet interprète était d'ailleurs un jeune homme des plus intelligents, fort à même de saisir toutes mes pensées. En parlant du barrage, il me dit :

— Les tourbillons y sont tellement violents qu'ils mâtent les arbres charriés, retenant dans les entonnoirs, tantôt les racines et tantôt le feuillage, dressant en l'air le feuillage et plus souvent les racines.

Suivant la déclaration du chef penon, le passage que s'apprêtait à explorer M. de Fesigny se trouvait dans des conditions analogues. — En effet, le lendemain 8 septembre, la constance de M. de Fesigny échouait contre un nouvel obstacle dont il put seulement constater l'existence, le courant lui en ayant interdit les approches.

La violence du courant n'était pas pour moi un obstacle; c'était précisément dans le dessein de la vaincre que je m'étais fait accompagner d'un torpilleur.

Et ce barrage n'était qu'à trois milles de la frontière!... au delà le Laos où le fleuve est navigable... unanimité à cet égard.

C'était dur de s'arrêter à trois milles du but, après s'en être rapproché de trente-sept milles, regardés jusqu'à ce jour comme d'une fréquentation impossible pour les navires.

Pour faire ces trente-sept milles d'hydrographie dans des courants de foudre, au milieu des remous, des arbres jaillissant du fond perfidement cachés, sur la tête desquels une embarcation chavirerait sans aucun doute, il avait fallu à M. de Fesigny, outre l'habileté, ce qu'on appelle, en terme de joueur, « de l'estomac ».

Ce travail, ce courage seraient-ils perdus?

Comme je l'ai dit, l'interprète, l'esclave cambodgien avaient vu le barrage à la saison sèche. Le chef penon y allait journellement aux basses eaux, c'était à deux pas de sa case. Tous trois s'accordaient sur le fait de l'existence d'une notable hauteur d'eau dans la passe.

Je leur dis, pour les tâter, d'un ton convaincu :

— S'il y a de l'eau, je passerai.

Ils me répondirent d'un ton non moins convaincu :

— Jamais bateau ne pourra refouler le courant.

Je leur répondis :

— J'ai amené avec moi un bateau qui file ce que l'on veut.

Ils reprirent avec un air de doute :

— Ce n'est pas tout de marcher, il faut gouverner.

— Le bateau gouvernera, répondis-je avec assurance.

Bien entendu, je me réservais au dernier moment de ramasser mes rodomontades.

Dans cette conversation qui devait, en grande partie, fixer ma résolution ultérieure, j'acquis cette conviction, que l'interprète, l'esclave cambodgien et le chef penon se rendaient un compte très exact des difficultés et du danger; par suite, si, au dernier moment, ils n'opposaient pas un *veto* catégorique, on pouvait jouer la partie.

Le 8 septembre, au petit jour, la *Sagaie* appareillait du village des pauvres Penons. Le chef penon était à bord dès l'aube; on l'avait amadoué la veille avec un verre de rhum, du tabac, des cigarettes, des biscuits, du fil et des aiguilles (que diable en pouvait-il faire?... était-ce pour raccommoder sa peau?), du sel, des allumettes, des morceaux de cuivre... O candeur de l'âge d'or!... il avait refusé des piastres... mais il avait accepté avec empressement des sous.

Il m'exprime, fort timidement du reste, le désir de posséder un veston.

— Si je passe, lui dis-je, tu auras mon veston; tu auras le veston d'un grand chef.

Au lever du soleil, nous mouillions devant le terrible barrage.

Du mouillage, il semblait absolument infranchissable... le fleuve se brisait avec rage contre une muraille de roches submergées, ininterrompues.

Alors l'interprète m'expliqua que le barrage qui, par

un effet de perspective, semblait d'une seule pièce, se composait en réalité de deux fragments : l'un, en aval, à gauche en montant; l'autre, en amont, à droite... que ces deux fragments, en mordant l'un sur l'autre, avaient l'air de former un tout. Ainsi, à cause de divers obstacles, il fallait se rapprocher de la rive droite, venir sur tribord puis sur bâbord pour doubler le premier fragment, puis revenir ensuite sur tribord pour doubler le second. Dans l'S à faire, il y avait de l'eau, même en quantité largement suffisante; mais, dans le passage, le courant surpassait tout ce qui se peut imaginer et les tourbillons y étaient effroyables... En supposant au bâtiment assez de vitesse pour remonter le courant, il était impossible de prévoir si le bâtiment pourrait gouverner dans les remous.

Je dis à l'interprète en lui faisant un dessin qu'il comprit fort bien :

— Je vais essayer de remonter avec le torpilleur, mais il faut que tu comprennes bien comment il est fait en dessous... C'est un petit bateau, mais il a une grande hélice ; pour marcher vite, il lui faut de grandes jambes. Cette hélice a plus de deux mètres, si elle venait à toucher, nous serions tous noyés comme des chiens... Tu comprends ?

— Je comprends.

A sept heures, le torpilleur quittait la *Sagaie;* je prescrivis à M. de Fesigny de continuer ses travaux comme si je n'avais pas été à bord, de ne pas s'occuper de moi...

J'ajoutai que j'allais m'amuser à reconnaître le barrage avec le torpilleur.

J'agis ainsi parce que j'entendais bien ne prendre que sur place, au dernier moment, ma résolution définitive, et je ne voulais la laisser soupçonner que de l'interprète, de l'esclave cambodgien et du chef penon.

Quelques minutes après avoir quitté la *Sagaie*, nous étions devant le barrage.

Le spectacle était terrifiant.

A côté d'arbres qu'on est absolument stupéfait de trouver là, — car leurs troncs, tout en étant en dehors du rapide, se trouvent déjà dans un courant d'une violence extrême, — l'eau se creusait, se soulevait, s'amoncelait, bouillonnait, écumait... des entonnoirs béants, noirs s'ouvraient et se refermaient instantanément.

Je stoppai.

L'interprète me montra le second barrage et me dit ces paroles tentatrices :

— Après cela, la route est libre...

Cinq ou six cents mètres à franchir... après, route libre !...

De sa main, le chef penon me dessina, dans l'air, l'S que le torpilleur aurait à décrire... la courbe qu'il avait dans la pensée ne me parut pas avoir des inflexions exagérées.

Outre l'équipage du torpilleur, commandant Vignot, j'avais avec moi le lieutenant de vaisseau Guiberteau.

Je me recueillis une dernière fois... une voix intérieure me pressait de passer, de ne pas m'arrêter devant un vain épouvantail. Avec solennité, je demandai à l'interprète :

— Y a-t-il de l'eau ?

— Il y a de l'eau.

— Tu es sûr ?

— Je suis sûr.

Je me tournai vers le commandant du torpilleur 44 et lui criai :

— A toute vitesse !

Le torpilleur partit comme un trait.

Alors tout se pressa comme dans un rêve... d'abord je remarquai que le torpilleur remontait beaucoup plus vite le courant que je n'avais osé l'espérer.., que sur l'indication du chef penon de venir sur tribord, le torpilleur vint sur tribord... nous rangeons de près les arbres de notre gauche... au signe de venir sur bâbord, le torpilleur vint sur bâbord... puis, au signe de venir sur tribord, il vint sur tribord...

Tout cela se passait au milieu d'un chaos d'eau bourbeuse.

Et le brave 44 avait l'air absolument à son aise au milieu de toutes ces furies... il s'avançait avec une dédaigneuse fierté comme un être conscient, sûr de sa force.

Dans de pareilles circonstances, où tout tient de l'hallucination et de la fantaisie, on apprécie bien mal le temps; j'estime que cela dura environ cinq minutes.

L'interprète me dit :

— Nous avons passé, il n'y a plus de dangers devant nous.

Et je fis cette réflexion : « Ce n'est pas tout de monter, il faudra descendre, » puis je me dis avec cette confiance que donne un premier succès : « Bah ! nous descendrons bien. »

Néanmoins, en causant avec MM. Vignot et Guiberteau, la question s'agitait : « lequel est le plus dangereux, monter ou descendre? » ; j'affirmais, moitié par politique, moitié par conviction, que la descente était plus facile.

Après le barrage, recommença la lutte énervante contre le courant, au milieu d'un dédale d'îlots sombres, de bouquets d'arbres submergés, navigation agaçante au suprême degré, mais sans périls... quelquefois cette pensée me traversait l'esprit, sans s'y arrêter, « en cas d'un accident quelconque, le barrage nous séparait du reste du monde »...

A sept heures trois quarts nous doublions la pointe rocheuse de la frontière cambodgienne et nous entrions dans le Laos.

Là nous retrouvons le fleuve large, calme, majestueux, dont on admire, au-dessous de Sambor, le spectacle grandiose, nous retrouvons dans toute son imposante beauté le splendide Mékong.

Dès que nous eûmes passé la frontière, le Penon se jeta à mes genoux, mains jointes, tremblant de tous ses membres; j'eus les plus grandes peines à le calmer, à lui faire comprendre qu'à bord je répondais de sa peau.

Un gai soleil éclairait le grand fleuve, mes nerfs plus ou moins tendus depuis l'entrée de la canonnière dans les rapides se détendirent; responsable moralement, — l'ayant provoquée, — de la dangereuse campagne hydrographique de M. de Fesigny, j'avais vécu dans une grande agitation intérieure.

Aussi je jouissais largement d'une impression de délivrance, et bientôt — signe infaillible du calme de l'esprit — je me sentis un appétit formidable.

Nous nous mîmes gaiement à table, — par métaphore, — accroupis sur le pont autour d'une serviette servant de nappe.

Pendant le déjeuner, nous arrivons à Stung-Treng, là nous quittons les eaux bourbeuses du Mékong pour entrer dans les eaux claires de la rivière d'Ato-Peu.

Quelques instants après, nous mouillions devant le village de Stung-Treng.

Un beau village vraiment.

La population était accourue en foule au bord du fleuve pour voir cette chose étrange, un bateau à vapeur... en foule est le mot, car Stung-Treng est riche et populeux. Il y avait loin de cette agglomération de paillottes coquettes aux quelques cases isolées où s'étalait la crasseuse misère des sauvages penons. L'eau claire d'Ato-Peu n'était pas pour peu de chose dans ce gracieux tableau; les jardins, les grands arbres, les vastes cases soigneusement construites, prenaient par le beau soleil un air de fête et de confort; le village semblait s'admirer dans la calme et limpide rivière.

Sans aucun doute, nous avions sous les yeux une société prospère. Au milieu des étoffes voyantes de toutes couleurs se détachaient les robes jaunes des bonzes.

Dès l'ancre au fond nous recevons la visite de marchands chinois empressés, désireux de savoir si le commerce avec Pnom-Penh est libre et s'ils peuvent faire descendre leurs jonques.

Le sous-gouverneur, le fils du général siamois chargé d'arrêter à la frontière les révoltés cambodgiens, suivent de près les Chinois.

Mais moi, je n'avais pas un instant à perdre, à tort ou à raison, je m'étais imaginé avoir reçu, de cette puissance supérieure qui mène les hommes, la mission de conduire un bateau à vapeur à Stung-Treng et de le ramener sain et sauf.

Malgré le charme de cet agréable décor, je ne pouvais oublier l'effroyable responsabilité que j'avais assumée. Je n'étais pas sans penser au retour, à la vertigineuse vitesse du courant dans l'étroite passe des rapides... la moindre erreur, la moindre indécision, la plus légère avarie dans la machine ou le gouvernail, le torpilleur disparaissait comme une scène de lanterne magique, livrant aux caïmans les cadavres de son équipage.

Si, en remontant, la crosse du torpilleur ou son hélice venaient buter contre un obstacle, on pouvait espérer que le courant ramènerait, par le même chemin, le torpilleur désemparé; s'il se crevait l'avant contre une roche, il y avait encore une chance de salut dans la cloison étanche... à la rigueur, le bateau pouvait ne pas couler sur place et être ramené par le courant à portée des secours de la canonnière.

En descendant, il n'y avait pas de demi-malheur, de demi-accident possible... c'était la destruction certaine, complète, instantanée... à ce point de vue, la descente du torpilleur serait aussi émouvante que son ascension.

En revanche, j'avais la conviction, parfaitement justifiée deux heures après, que si le retour, sous l'impression de vertige produit par la vitesse, allait être plus imposant, en réalité, il était plus facile... le torpilleur gouvernerait mieux, ferait les coudes de lui-même, pour ainsi dire, et prendrait la meilleure route, naturellement emporté dans la partie la plus profonde du rapide.

J'avais bien cette tranquillité d'esprit que donne la confiance; mais, en somme, rien n'était fait tant que je n'aurais pas regagné la canonnière. Aussi ne tenais-je pas en place à Stung-Treng, et je m'impatientais des questions oiseuses du sous-gouverneur et du général siamois.

Le voyage de retour était dépourvu d'intérêt jusqu'au barrage, nous n'avions qu'à contempler le grand fleuve, sa riche bordure de merveilleuses forêts, ses charmants îlots verts.

Quand nous approchâmes du barrage, j'étais debout à l'avant du torpilleur avec mon conseil privé, composé de l'interprète, de l'esclave cambodgien, du chef penon... la confiance régnait sur leurs visages... enfin nous entrons dans la ligne des remous... elle se déroule devant nous comme un serpent colossal nageant à la surface de l'eau... les fluctuations de ces remous simulent très bien les mouvements de reptation d'un gigantesque reptile... les arbres des rives défilent comme dans un train.

A quoi comparerai-je le torpilleur?... à une jeune fille bien élevée qui fait ses premiers pas dans le monde?... au stoïcien de l'*impavidum ferient ruinæ?...* au sage dédaigneux des insultes de la canaille?... au triomphateur assailli par les quolibets d'esclaves?... Il marche doucement — *patuit dea* — et se laisse emporter, prêt à la première requête à détendre ses forces en réserve. Nous faisons le premier coude sans nous en apercevoir, le courant se charge de la besogne; il en serait probablement de même du second, quoique plus dur... mais ce ne serait pas assez théâtral... tribord!... à toute vitesse!!... Ce que nous filons ainsi, je ne m'en doute pas... bâbord!...

L'interprète, l'esclave cambodgien, le chef penon battent des mains dans l'ivresse de la victoire... Le Cambodgien pousse un cri sauvage, l'interprète rit à pleines dents, le chef penon trépigne... et je dis à l'interprète :

— Dis au chef qu'il aura mon veston à boutons d'or.

A l'esclave je donnai une piastre.

— C'est la première qu'il a vue de sa vie, me dit l'interprète, et probablement la dernière qu'il verra... Certainement il n'eût jamais osé rêver possession pareille.

En arrivant à bord de la canonnière, je tins ma promesse, je donnai ma veste blanche à boutons dorés au chef penon radieux... Sa joie fut au comble quand M. de Fesigny, à son retour, lui donna à choisir entre une culotte et un casque en peau de daim... il opta pour le casque. Avec son casque et son paletot, il avait l'orgueil de deux Artaban.

Les cadeaux pleuvaient de tous côtés sur le héros de la journée : commandant du torpilleur, équipage de la canonnière, équipage du torpilleur, rivalisèrent pour l'accabler de tabac, de cigares, de sel...

Lorsque le commandant de la *Sagaie* monta à son bord, j'allai vers lui et l'embrassai bien cordialement :

— Mon cher Fesigny, lui dis-je, le barrage est vaincu ; vous m'avez mâché la besogne, vous avez pris pour vous toute la partie de la tâche qui exigeait de la science et de l'habileté, plus encore peut-être de la patience et du courage... car, entre nous, pour faire l'hydrographie de Sambor ici et y naviguer, comme vous l'avez fait, avec votre canonnière, il faut une fière audace. Si, comme je l'espère, le Laos est un jour ouvert à nos navires, c'est à vous qu'on devra ce grand résultat.

Et maintenant concluons :

Ce passage des rapides est-il un stérile coup d'audace personnelle ?

Je ne le crois pas.

C'est en navigation surtout qu'il est vrai de dire : « Il n'y a que le premier pas qui coûte. »

Autrefois on eût traité de fou celui qui aurait parlé d'aller à Sambor avec une chaloupe à vapeur; les grands avisos de la station locale, les grandes canonnières y vont aujourd'hui comme on va de Paris à Saint-Cloud.

Le barrage de roches écarté, toute cette longue ligne d'obstacles, qui s'étend sur une longueur de 40 milles de Samboc à la frontière, est difficile sans nul doute ; mais ces difficultés sont de l'ordre de celles que l'on surmonte tous les jours. Il n'est pas un patron des côtes de Bretagne qui ne fasse mieux, sans avoir la prétention de rien faire d'extraordinaire.

Quant au barrage de roches, il faut l'étudier aux basses eaux, ma conviction absolue est que ce barrage donnera lieu à une nouvelle application de la fable des bâtons flottants :

De loin, c'est quelque chose, et de près ce n'est rien.

Ce dont je doute moins encore, c'est qu'avec quelques centaines de kilos de dynamite, en faisant peut-être sauter simplement deux ou trois roches, on redressera le canal des rapides que j'ai parcouru... Alors il n'offrira plus la moindre difficulté; car bien certainement, il ne faut pas, à beaucoup près, la vitesse d'un torpilleur pour remonter les rapides.

Il n'est pas inutile de dire que le 44 appartient à un type démodé et ne peut donner 14 nœuds dans l'état où il se trouve.

Non, les travaux de M. de Fesigny et le coup d'audace du 8 septembre ne sont pas des œuvres sans portée.

Ma conviction est que la constance et l'énergie du commandant de la *Sagaie* nous ont ouvert la navigation et le commerce du Laos.

Non, ce n'est point pour une vaine satisfaction d'amour-propre, pour avoir le plaisir de dire : « J'ai fait ce que l'on jugeait insensé », que j'ai joué, sur la parole d'un sauvage ignorant, la vie de tout un équipage.

Ma conviction arrêtée est que l'entreprise du 8 septembre portera un jour ses fruits, mais à une condition *sine qua non* :

« Qu'on fasse aux basses eaux une minutieuse étude des rapides. »

Or cette étude est un travail de longue haleine, exigeant, de ceux qui auront à l'accomplir, une santé robuste, une volonté de fer.

Le résultat sera-t-il en proportion de l'effort?

Pour moi, il n'y a pas l'ombre d'un doute.

M. de Fesigny et moi nous avons tracé la route...

mais ce n'est qu'un méchant sentier, il faut le rectifier et l'élargir. Alors notre pavillon flottera, dans le Laos, sur les navires de guerre et de commerce... jusqu'à quel point?... L'avenir nous l'apprendra.

TON-DEN ET KHON-DINH

Le 15 juillet 1886, au matin, les chaloupes le *Préa-Patang* et l'*Étincelle* partaient de Krattié à la remorque de la canonnière le *Bouclier*, commandée par M. de Mazenod.

Le but de l'expédition était de franchir avec ces chaloupes les rapides de Préa-Patang.

Nous passons devant la pagode de Tmo-Kré, célèbre par *la pierre qui flotte*.

En un point connu du fleuve, devant lequel de temps immémorial on a élevé une pagode, à des époques indéterminées, se manifestent subitement des troubles extraordinaires. Ces phénomènes étranges en précèdent un autre plus singulier encore, on voit apparaître une large pierre flottante. Le gouverneur de la province, sous peine de mourir dans l'année, doit aussitôt résilier ses fonctions.

En écoutant ce récit de l'interprète, ma physionomie exprimait sans doute quelque incrédulité, car il s'empressa de m'affirmer que M. Aymonier avait été témoin du fait et avait dessiné la pierre.

Nous laissons la canonnière à Samboc et nous partons avec nos deux embarcations pour Sambor, afin d'y prendre un pilote. J'entends par pilote un indigène habitué à fréquenter le fleuve avec les sampans du pays. Je pris le *Préa-Patang;* l'*Étincelle* était montée par le lieutenant de vaisseau de Mazenod et l'enseigne Laugier.

La crue n'étant pas encore suffisante pour permettre de suivre la berge, nous dûmes prendre la grande passe du rapide de Sambor, passe dans laquelle poussent quelques-uns de ces arbres immergés qui sont la plaie de la navigation des rapides. La violence du courant nous obligeait à marcher à toute vapeur. Une branche d'arbre s'engagea dans l'hélice et la paralysa au plus fort du courant; la branche avait bien cassé et permettait à la machine de tourner, mais la masse de feuillage prise dans les ailes nous privait de toute vitesse. Je dégageai suffisamment l'hélice en faisant brusquement en arrière et en remettant en avant; à Sambor on en retira encore des feuilles et des branches.

Après cet incident, nous arrivâmes à Sambor sans encombre. Là je discutai longuement avec le pilote pour me rendre compte du degré de confiance que je pouvais lui accorder; il connaissait bien la route pratiquée par M. de Fesigny; c'est du reste le chemin suivi par les indigènes aux basses eaux; aussi l'adoptai-je.

Vers trois heures et demie, nous quittions Sambor pour passer la nuit au sud de Ca-Prien; nous atteignîmes ce mouillage au crépuscule, au moment où éclatait un terrible orage.

Nous repartions le lendemain aux premières lueurs du jour.

A Ca-Prien commencent les parages difficiles : les roches deviennent plus nombreuses, le courant s'accentue, mais surtout, à partir de là, les arbres surgissant du fond se multiplient d'une façon inquiétante. Immergés par la crue, ces arbres forment, avec leurs troncs et leurs branches solides, des écueils redoutés par les indigènes presque à l'égal des roches.

Nous franchissons aisément les tourbillons de Prasco. Là j'aperçus, traversant le fleuve, un de ces étranges animaux qui m'intriguent tant.

Ce sont des mammifères, et, par suite, il leur faut bien venir respirer à la surface, mais ils reprennent haleine avec tant de promptitude que je n'ai jamais pu me faire une idée quelque peu exacte de leur forme. Ils m'avaient paru ressembler à des phoques. L'interprète me dit qu'ils avaient en effet la tête ronde, il ajouta que les femelles avaient des seins de femme. Ils n'ont pas de membres postérieurs et ne vont jamais à terre; l'arrière-train est complètement pisciforme. Ce ne sont point des herbivores comme le lamentin; ils chassent le poisson avec une étonnante agilité. Les indigènes les respectent comme des êtres sacrés. J'ai vainement offert pour un squelette des sommes très tentantes.

Vers neuf heures, nous arrivons à ce village penon

dont le chef m'avait servi de guide pour franchir le grand rapide central avec le torpilleur 44, et à qui j'avais donné mon paletot. Les rebelles, pour le punir d'avoir ouvert le Laos aux Français, lui prirent tout ce qu'il possédait, et, après l'avoir fouetté jusqu'au sang, incendièrent sa case. Encore le pauvre diable dut-il s'estimer heureux de ne point avoir la tête coupée.

Il était absolument certain que nous ne pouvions songer à prendre cette passe avec nos chaloupes; elles n'avaient pas assez de vitesse pour s'aventurer dans ce barrage unique, divisé en trois marches dans la passe voisine de Ton-Den, ce qui atténue la difficulté en la divisant et en la prolongeant. Nous nous décidons pour ce dernier passage franchi, l'année précédente, par M. de Fesigny avec la canonnière la *Sagaie*.

M. de Fesigny, dont le courage et le sang-froid sont bien connus, me dit à moi-même que, pendant le franchissement de ces trois barrages successifs, la tension nerveuse devint chez lui assez forte pour le mettre hors d'état de tenir une plume ou un crayon pendant la période de détente, dont la durée fut d'environ deux heures.

Au village penon, je fis décrasser le fourneau, ramoner les tubes, visiter minutieusement la machine, puis je donnai une heure de repos.

Frais et reposés, tout bien paré, nous appareillons du village penon de Ca-Trum; nous contournons Ca-Norung par le nord, puis remontant, nous nous trouvons en face des barrages de Ton-Den avec une bonne pression à la chaudière.

En confiant l'*Étincelle* à M. de Mazenod, je savais entre les mains de qui je l'avais mise. Dans une aventure périlleuse, on doit pouvoir compter absolument sur ses compagnons ; or j'étais certain, en cas de malheur, du concours de M. de Mazenod jusqu'aux dernières limites du dévouement.

A notre droite, des bouillonnements tout blancs d'écume nous signalent un pâté de roches immergées ; à notre gauche, une roche aiguë déchire la nappe d'eau... elle y fait un trou noir, une gueule d'antre béant de plus d'un mètre de haut, preuve d'un dénivellement considérable.

De l'*Étincelle*, qui naviguait dans nos eaux avant sur poupe, M. de Mazenod observait le *Préa-Patang* ; à Siemboc, il me dit : votre chaloupe en donnant dans le barrage s'est arrêtée aussi net que si elle avait butté contre un mur.

La pointe de roche à gauche fournissait un excellent point de repère ; pendant une bonne minute la chaloupe resta immobile au point où le travail de la machine se trouvait en équilibre avec la résistance du courant.

Il n'y avait pas de raison pour que cela finît.

— Ouvrez en grand... poussez les feux !

Enfin la chaloupe sort de son inertie apparente, se traîne avec lenteur, puis prend de l'air, la première marche est montée.

Je suis anxieusement l'*Étincelle* — l'épaisse fumée qui sort de son tuyau montre qu'elle lutte avec rage... comme nous elle a passé.

Ne pas franchir le premier barrage, s'en revenir Gros-Jean comme devant, l'oreille basse, eût été une cruelle blessure pour notre amour-propre. Le franchir, c'était se mettre dans une situation grave : pour gravir le premier passage, nous avions manifestement donné tout ce qu'il était possible d'espérer de la machine... nous avions deux autres marches à grimper et pas de place pour tourner si nous ne pouvions surmonter ces obstacles, la passe était pour cela beaucoup trop étroite. Nous avions bien, il est vrai, la ressource de nous laisser culer en faisant tête au courant pour gouverner, mais c'est là une manœuvre délicate; plus nous avancions, plus augmentaient les difficultés de la retraite.

Au second barrage même comédie.

— Ouvre en grand, chauffe garçons !...

Voilà la chaloupe partie, comme nous encore l'*Étincelle* passe.

Le pilote nous montre à cinq cents mètres environ une touffe d'arbres roux sur lesquels il gouverne :

— Là, dit-il, c'est fini... après il n'y a plus de roches à redouter.

Le troisième barrage se passe comme les deux premiers, incertitude d'une minute environ... en pareil cas une minute est longue.

Nous arrivons dans une région de tourbillons furieux,

où la pauvre chaloupe va de droite à gauche comme une affolée... détestable moyen d'avancer... elle roule comme dans une mer enragée, assez dédaigneusement d'ailleurs. C'est impressionnant de prime abord, mais on s'y fait vite... Voici la fin des grands clapotis et des tourbillons dont nous sortons allègrement.

Au dire de l'interprète et du pilote plus de dangers rocheux... çà et là des arbres isolés, en bouquets ou même en petits îlots poussant du fond leurs troncs puissants, couronnés d'un rare et maigre feuillage qui sera bientôt, en tout ou en partie, enseveli sous les eaux... comment peuvent-ils végéter dans de pareils courants? Il en est dont le tronc a plus de quatre pieds de diamètre, ceux-là doivent être séculaires; on sent à les voir robustes et pauvrement feuillés, que leur végétation, arrêtée pendant l'inondation, doit être fort lente.

Tout à coup la chaloupe s'arrête aussi brusquement que si nous nous étions échoués sur un banc de sable... je restai interdit... je ne m'attendais pas à cette surprise. Ici nous avions bien, il est vrai, la place pour virer et retourner sur nos pas, mais franchement c'eût été dur.

Non seulement nous ne gagnons plus, mais nous dérivons même vers un îlot d'arbres noyés :

— Faites monter la pression!... poussez-les feux à outrance...

Nous avançons imperceptiblement.

— Allons, chauffe garçons, chauffe!...

Voilà la chaloupe repartie.

A peine avions-nous repris de l'air que le mécanicien consterné me dit :

— Commandant, la chaudière se vide, il faut mettre bas les feux.

— Mettre bas les feux!... pour le moment c'est impossible... il faut gagner la rive, il faut marcher quelques instants, quoi qu'il en puisse advenir.

Derrière nous la région des tourbillons, les arbres immergés, les roches, les barrages, c'est la perte infaillible... Il n'y a pas d'ailleurs à songer à mouiller... fond de roches, courant cinq à six nœuds, l'ancre chassera ou la chaîne cassera, à cela il n'y a guère de doute.

Je dis à l'interprète :

— Prescrivez au pilote de gagner la berge.

Mon Cambodgien me regarde ébahi.

— Allons vite, il faut gagner la berge sans retard.

Mais nous sommes en amont d'un îlot d'arbres noyés, le doublerons-nous?

L'eau baisse à vue d'œil dans la chaudière.

Si nous échouons sur le bouquet d'arbres, la chaloupe chavirera ou remplira infailliblement.

L'îlot est paré... nous piquons droit à terre au pied de grands arbres...

— Stop!... bas les feux!...

Au moment où l'on sort du fourneau les derniers charbons, l'eau disparaît dans le tube de niveau.

Nous arrivons juste à temps ; le dévouement de M. de Mazenod eût été inutile, toute tentative de sauvetage n'eût fait qu'amener un second désastre.

Nous retapons notre chaudière, quatre heures après nous remettons en route.

Tout est passé décidément, voici le Mékong large et calme... dans le lointain, au-dessus des bananiers, flotte le pavillon tricolore du poste de Siemboc. Pourquoi ai-je été si ému à la vue de ces trois couleurs ?... Bah ! il est des moments où l'émotion vous gagne, on ne sait pourquoi ni comment... j'étais fier de retrouver mon drapeau si loin.

Et, dans mon cœur gonflé, une voix me crie : Plus loin !... Plus loin encore, noble drapeau !...

Le 17, à sept heures du matin, nous quittions le poste-frontière de Siemboc... au delà la terre laotienne sous la domination effective de Siam, en droit dépendance du Cambodge.

Le lieutenant commandant le poste surveille l'unique habitant du pays qu'il nourrit d'ailleurs charitablement. Ses fonctions politiques lui laissent des loisirs pour la contemplation et la chasse ; du reste, de son mirador, il tire parfois des cerfs qui viennent brouter autour des palissades.

Vers dix heures, nous arrivons à Stung-Treng. J'envoie l'interprète prévenir les autorités de mon arrivée; peu après, elles m'invitent à descendre.

Le vieux général siamois commandant la province et le gouverneur civil viennent nous recevoir, M. de Mazenod et moi, au débarcadère, si débarcadère il y a. Pour nous faire honneur, le général a mis ses troupes sous les armes — une quarantaine d'hommes environ vêtus uniquement du sampot, voire même du demi-sampot, sans l'ombre d'un fourniment. Ces guerriers portent nonchalamment sur l'épaule leurs arquebuses rouillées, sans pierres ni baïonnettes, la plupart sans chiens. Le général fait visiblement un extra, dont je lui sais gré, en se chaussant de bas et de souliers qui le gênent. La décoration de Siam brille sur son vieux dolman; il est coiffé du maudit casque à pointe qui a passé les rapides de Préa-Patang.

Le général me conduit par la main, et nous nous avançons entre deux haies de soldats, dans l'attitude des fiancés en Bretagne. Sans doute il pense que mon rang ne lui permet pas de me précéder, et sa situation de première autorité du pays ne lui permet pas de me suivre. Comme le sentier est assez étroit, nous marchons, de chaque côté, tous deux dans les herbes.

Je pardonne à notre escorte de ne porter que le sampot. Quand on a d'aussi beaux torses, on doit être fier de les montrer... quelle carrure et quels robustes gaillards!

Le général, en vrai spartiate, habite une assez

méchante paillote; la gloire, comme le bonheur, n'habite pas sous des lambris dorés. La garde se range devant son hôtel.

Je dis au général :

Dans quelques jours, je fais mes adieux à la Cochinchine; avant mon départ, j'ai voulu voir le beau pays de Stung-Treng.

Le gouverneur civil me reconnut très bien et me rappela ma visite de l'année précédente avec le torpilleur 44.

Je témoignai le désir de visiter Siempang à mi-distance d'Ato-Peu, la ville de l'or. Après avoir conféré avec le gouverneur civil, le général me fit répondre :

— Présentement, il est impossible de remonter; les eaux sont encore trop basses, mais au mois d'août ce voyage ne présente aucune difficulté.

On peut même dépasser Siempang d'une quarantaine de milles. C'est une ville riche de l'importance de Pnom-Penh. Si j'en crois l'interprète, on trouve dans Ato-Peu des pépites de la grosseur du poing.

Obligé de renoncer au voyage de Siempang, je demandai un pilote pour me conduire aux cataractes de Khong; il me fut aussitôt très gracieusement accordé.

Nos embarcations n'inspiraient pas une grande confiance à ce pilote; il me dit que nous aurions à franchir des passes fort étroites; je le rassurai. Ses questions sur les qualités de nos bateaux me rassurèrent en me prouvant que j'avais affaire à un pratique habile.

A midi nous nous remettons en route, bientôt au milieu d'un dédale d'île et d'îlots.

Nous naviguions dans un bras du fleuve assez étroit, ayant à notre droite la terre ferme, à notre gauche la forêt noyée. A un coude très brusque, une roche énorme située presque à mi-chenal, plus près cependant de la terre ferme, rétrécit la passe à moins de cinquante mètres... les remous y sont épouvantables, l'aspect de cette passe est vraiment terrible.

Aucun des barrages précédemment passés n'est d'un abord aussi menaçant; nous le franchîmes cependant sans la moindre difficulté en lançant à toute vitesse... jamais il ne faut juger sur la mine les choses, ni les gens... C'est le rapide de Khon-Dinh.

Nous continuons quelque temps dans des remous et d'assez forts courants parsemés d'arbres, puis nous arrivons à un large et beau bassin où le fleuve coule bien paisiblement.

Nous marchions à petite vitesse pour ménager la machine de l'*Étincelle* vraiment surmenée à Ton-Den. Nous nous avancions confiants, les nerfs détendus, quand un coup de sifflet me fait tourner la tête... l'*Étincelle* a mouillé, je la rallie. Avarie dans la bielle-avant. A la visite, on trouve la machine-avant entièrement détraquée.

L'*Étincelle* devra marcher avec sa machine-arrière seulement. Il n'est pas possible d'aller plus loin, il faut songer au retour.

Je suis d'ailleurs sans trop d'inquiétude, c'est chez moi une conviction bien arrêtée : la descente des barrages est plus effrayante que dangereuse.

Nous en serons quittes pour nous en retourner tout doucettement.

Nous passons la nuit au mouillage... une belle nuit ; la lune encore presque pleine éclaire la vaste solitude, la grande nappe tranquille, la forêt de l'est, les montagnes de l'ouest et du nord. Le fond, sable vasard, nous garantit une tenue excellente, il suffira de veiller que quelque arbre en dérive ne nous joue pas un méchant tour.

C'est écrit, d'autres que nous porteront le drapeau tricolore aux limites du Mékong navigable, aux cataractes de Khong.

D'après le pilote, nous sommes à trois heures des cataractes et nous n'avons plus devant nous qu'un passage délicat ; il a jugé mon embarcation à Khon-Dinh, il répond de tout.

Mais je ne puis, même un instant, me séparer de M. de Mazenod dans la situation où il se trouve ; le retour doit être désormais notre unique objectif.

Malgré ma théorie sur la descente des barrages, vu l'état de l'*Étincelle*, je n'arrivai pas sans quelque appréhension au passage de Khon-Dinh.

Les tourbillons y étaient effroyables, l'arrière de la chaloupe fut comme happé par un entonnoir d'une quinzaine de mètres de rayon et de plus d'un mètre de profondeur ; en même temps l'embarcation donnait un coup de roulis énorme... nous voilà sortis... je regardai l'*Étincelle*, elle ne broncha pas.

Quand je la vis passée, je me sentis soulagé d'un grand poids.

L'*Étincelle*, avec une seule machine, avait fait ses preuves.

Comme descente, nous n'avions certainement pas de passage aussi dangereux à franchir désormais.

Notre retour au *Bouclier* ne donna lieu, en effet, à aucun incident.

C'est dans la montée qu'est le danger, parce qu'on demande à la machine plus qu'elle ne doit ; or la machine surmenée peut manquer en un point où, sans elle, il n'y a guère de salut à espérer.

Avec une bonne machine et de la vitesse, on passera, en se jouant, où ont passé nos modestes chaloupes... mais il ne faut plus tenter la fortune avec d'aussi faibles moyens, on s'exposerait sans doute à quelque catastrophe.

LIMITES DE L'INDO-CHINE

Notre politique, dans l'Extrême-Orient, doit se diviser en deux politiques bien distinctes : la politique du jour, la politique de l'avenir.

S'il est important de savoir ce que les événements nous condamnent à faire aujourd'hui, il n'est pas moins nécessaire d'envisager l'avenir et de se fixer un but.

La besogne du jour est celle-ci :

1° Étendre la Cochinchine jusqu'au cap Varela.

2° Établir un poste à la frontière du Cambodge et du Laos.

3° Avoir une canonnière en station dans le Mékong au-dessus des rapides.

4° Accréditer à Stung-Treng un agent commercial et politique.

La politique du lendemain ou le premier pas à faire est l'échange de Co-Samit, — très convoité par les Siamois et pour nous assez inutile, — contre Stung-Treng, de peu d'importance pour nos voisins, et, pour nous, d'un intérêt capital.

La possession de Stung-Treng doit être le but de tous nos efforts; aucune question dans l'Extrême-Orient n'a plus d'importance que l'acquisition de cette situation privilégiée si spéciale. Jusqu'à ce que nous y ayons planté notre drapeau, toute autre préoccupation doit prendre un rang secondaire.

Passons maintenant à l'avenir, aux lointaines espérances.

Tout d'abord il est urgent d'arrêter notre programme vis-à-vis de Siam.

Les conséquences de notre conduite actuelle sont incalculables.

Nous devons dès à présent prendre à l'égard de notre voisin une attitude franche, nette et carrée.

Dès à présent, nous devons dire sans ambage : nous voulons ceci et rien de plus, — mais nous sommes résolus à l'atteindre, — vous connaissez notre force, repousser nos prétentions serait dangereux ; elles sont modérées, si vous acceptez de n'y point faire obstacle, comptez sur notre protection et notre amitié. Il est dans votre intérêt bien plus que dans le nôtre d'entretenir avec nous de bons rapports. Nous respecterons vos intérêts, respectez les nôtres.

Une entente cordiale avec Siam est ce qu'il y a de plus sage et de plus sûr.

Si nous devons signifier nos volontés avec fermeté, nous ne devons pas le faire sans ménagements. Nous devons nous efforcer de démontrer à notre voisin que nous ne voulons ni menacer son existence ni porter atteinte à sa dignité.

Notre politique doit plutôt se proposer un partage équitable de l'Indo-Chine avec Siam qu'une violente absorption de ce royaume.

Quelles que puissent être nos visées ultérieures sur l'Indo-Chine en général et sur le royaume de Siam en particulier, en aucun cas, nous ne devons perdre de vue le proverbe : « Qui trop embrasse mal étreint ».

Notre politique dans l'Extrême-Orient pour longtemps, pour très longtemps même, doit avoir pour but exclusif notre extension progressive dans le bassin du Mékong... le champ est assez vaste pour occuper notre ambition et celle de nos arrière-neveux.

Actuellement, ce serait de la folie de ne pas chercher à vivre avec les Siamois en bonne intelligence.

Comme nos intérêts nous appellent, sans doute aucun, dans la vallée du Mékong (nous aurons ainsi entre autres avantages celui de prendre l'Annam à revers), nous devons procéder par une politique d'échange qui satisfasse à la fois ses intérêts et les nôtres.

Avant tout, par une convention rationnelle et loyale, nous devons déterminer quelles frontières répondraient le mieux aux exigences géographiques.

Avec Stung-Treng il nous faut Bassac, centre de commerce important. Cette ville est la clef du bassin du Mékong ; en remontant vers le nord, elle est la première ville de la vallée proprement dite, et la première du bassin proprement dit en descendant le cours du fleuve. C'est une station à laquelle nous pourrons nous arrêter très longtemps. Songer maintenant à dépasser Bassac, c'est déjà poser le pied sur le terrain de l'utopie. Cette réserve faite, après avoir prévenu que nous entrions dans le domaine de la fantaisie, nous nous lancerons dans les projets les plus lointains, mais toujours raisonnables.

Comme occupation effective, si Stung-Treng doit être notre première étape, Bassac doit être la seconde.

La possession de Stung-Treng et de Bassac entraîne l'occupation de la province de Melouprey.

Reprenons la carte de Dutreuil de Rhins, carte trop souvent inexacte dans les détails, mais vraie dans les grandes lignes, et, dans l'état actuel de nos connaissances, le meilleur document à consulter, quand on veut traiter de l'Indo-Chine. Nous remarquerons d'abord que la province de Melouprey est très nettement définie à l'ouest par les montagnes de Duong-Rek, qui, partant des grands lacs, remontent jusqu'à Bassac. Voilà une frontière on ne peut plus naturelle. Coupée par les grands lacs, cette chaîne réapparaît au sud et descend vers la mer à Kampot, où elle prend le nom de chaîne de l'Éléphant.

Comme disposition générale et sans entrer dans les détails, cette chaîne peu interrompue de Bassac à Kampot séparerait les deux empires.

Ce vaste territoire, compris entre les montagnes

côtières de l'Annam jusqu'au cap Varrela et les monts Duong-Rek prolongés par la chaîne de l'Éléphant, terminé au nord par le plateau de Saravane, offre à notre action administrative, progressive et dominatrice, pour de longues années, un champ bien défini.

Néanmoins, comme je l'ai dit plus haut à propos de nos relations avec Siam, nous devons, dès l'heure présente, arrêter notre politique en vue du plus lointain avenir. C'est-à-dire, dès aujourd'hui nous devons définir ce que nous entendons par cet empire de l'Indo-Chine que nous avons la prétention de fonder. Il est dans l'intérêt de notre politique d'exposer à la fois nos ambitions et leurs limites, non seulement à notre anxieux voisin, mais encore aux grandes puissances asiatiques, Russie, Chine et Angleterre.

J'insiste sur ce point : nous devons adopter vis-à-vis de Siam la politique des échanges avantageux aux deux parties.

En prenant pour frontière la ligne de Bassac à Kampot, nous céderions nos provinces de l'ouest contre la province de Melouprey *avec le droit de nous étendre, à notre guise, et suivant nos besoins, à l'est du Mékong*, l'ouest étant abandonné à Siam au nord de Bassac.

En un mot, de Bassac à la mer, nos possessions seraient bornées par les montagnes qui forment à l'ouest les vraies limites du bassin du Mékong, et, à partir de Bassac, la commune frontière serait le fleuve.

Dans tous les temps et tous les pays, la civilisation

s'est d'abord établie dans le delta des fleuves, puis en a progressivement remonté les rives, pourquoi nous déroberions-nous, pour le Mékong, à cette loi, à cette marche si naturelles?

L'important, en ce qui concerne les grands lacs, c'est le droit de navigation, le droit de pêche, ainsi que la possession du bras qui aboutit à Pnom-Penh. Avec nos navires de guerre, nous serons toujours les maîtres dans les lacs, comme avec nos navires à vapeur fluviaux nous en accaparerons forcément tout le commerce. Rien ne peut détourner les produits du bassin des lacs de leur route fatale et nécessaire vers Pnom-Penh.

Avec la possession du fleuve, nous devons convoiter la partie de territoire comprise entre le fleuve, l'Annam et le Tonkin.

Notre politique vis-à-vis de Siam peut donc se résumer en deux mots: concession dans l'ouest, extension dans le nord-est.

Rien présentement ne nous empêche d'arriver aux cataractes de Khong; des études ultérieures nous apprendront ce que l'on peut faire à partir de cet obstacle peu connu. Peut-être est-il susceptible d'amélioration?... Qui sait!

Nous savons du moins qu'il existe, au-delà, de longs parcours navigables.

Par des échanges loyalement débattus, librement acceptés, par des relations amicales sincèrement établies avec notre voisin de Siam, nous établirons nos droits respectifs, nous assurant ainsi la possibilité de nous développer peu à peu, en remontant le fleuve au fur et à mesure de nos besoins.

Nous pouvons procéder à ce développement par des moyens pacifiques, il sera plus aisé de conquérir ce beau pays avec des hydrographes, des industriels et des marchands qu'avec des soldats.

Notre première conquête industrielle serait le plateau de Saravane, riche en mines de cuivre exploitées par les moyens les plus primitifs... Près du minerai, pour l'exploitation, des forêts inépuisables ; près du produit, des cours d'eau pour le transport.

Si nous le voulons bien, en peu d'années, nous pouvons guérir tous ces pays compris entre les monts Duong Rek et la chaîne côtière de l'Annam de ces deux plaies qui les rongent : la chasse à l'homme, le commerce des esclaves.

Quand nous exploiterons les plateaux de Saravane, l'Annam enclavé entre le Tonkin, la Cochinchine et la vallée du Mékong, soumise à notre influence, tombera nécessairement dans notre sphère d'action, nous le cueillerons comme un fruit mûr.

Alors nous posséderons un vaste empire nettement délimité.

Autre chose est la conquête d'une nation fortement organisée comme l'Annam, autre chose notre agrandissement dans des pays demi-sauvages, sans cohésion, sans armes, où nous pouvons, avec de la patience et de la bienveillance, faire accepter notre action civilisatrice, pays présentement peu peuplés, il est vrai, mais d'un immense avenir.

Il est pour ainsi dire inadmissible que les versants ouest des montagnes de l'Annam n'offrent pas d'autres ressources minières que celles du plateau de Saravane. Ces probabilités sont assez grandes pour qu'on se donne la peine d'étudier le pays.

Dans le bassin du Mékong, nous avons à entreprendre une de ces œuvres qui à la fois honorent et enrichissent une nation.

La Cochinchine ne produit que du riz et ne saurait produire autre chose... La culture est aux mains des Annamites; le commerce aux mains des Chinois; l'Européen ne trouve guère à se caser en Cochinchine.

Dans la chaude et malsaine Cochinchine il n'y a place que pour des fonctionnaires (Dieu sait si elle en a son plein?), quelques rares commerçants (il n'est point aisé de faire concurrence aux Chinois, même pour la vente des produits européens) et quelques industriels.

Si dans les montagnes qui bordent le delta du Mékong et du Donaï, on doit redouter la fièvre des bois, tout tend à faire croire qu'au delà de Samboc on se trouve en pays salubre, au moins à la condition de ne pas s'éloigner des bords du fleuve.

D'abord nous savons la température de ces régions notablement inférieure à celle de la Cochinchine. Les grandes chaleurs y sont aussi fortes, mais elles ont beaucoup moins de durée. L'hiver, une fraîcheur bien marquée oblige à se couvrir; la nuit, la couverture de coton ne suffit pas.

Pendant l'hiver, l'appétit revient et répare les forces perdues par le dégoût de toute nourriture substantielle pendant la saison chaude. Cette réparation de la saison fraîche permet à l'Européen de vaincre la tendance à l'anémie, inévitable en Cochinchine.

Les séjours prolongés de la *Sagaie* dans les rapides ont irréfutablement démontré la parfaite salubrité de ces parages, où les marins ont pu vaquer aux plus pénibles travaux en conservant leur santé indemne. On ne peut s'en étonner, si l'on songe que là le sol est exclusivement composé de sable et de roches. Il nous est donc permis d'espérer, avec de grandes chances de ne pas voir nos espérances déçues, qu'un jour le haut Mékong nous offrira un vaste champ d'émigration.

Pourquoi ne ferions-nous pas ce qu'ont fait, dans tous les temps, toutes les civilisations et tous les peuples, remonter le cours d'un beau fleuve.

CONCLUSION

27 mai 1886.

Il y a lieu d'envoyer, dans le Laos, d'abord une commission d'hydrographes, puis peu après des ingénieurs des mines, pour étudier à fond le pays.

Il faut, en un mot, reprendre la mission de la Grée, mais en marchant pas à pas; en ne faisant que vingt lieues par an s'il est nécessaire, mais en se rendant un compte exact des ressources du fleuve. Cette étude doit être faite aux eaux basses, aux eaux moyennes, aux eaux hautes.

Il y a urgence à connaître avec exactitude le régime des eaux du fleuve.

Alors on pourra résoudre ces questions vitales pour l'avenir de la colonie :

Est-il possible d'améliorer le cours du fleuve ?

Faut-il renoncer à tout espoir de le parcourir ?

Quel parti pouvons-nous en tirer en y appliquant toutes les ressources de la mécanique moderne ?

Toutes ces questions exigent une longue étude et ne sauraient être traitées au pied levé?

D'autre part :

Il y a lieu d'arrêter notre politique vis-à-vis de Siam et de la proclamer.

Cette politique doit être une ferme affirmation de notre volonté de respecter notre voisin et de nous étendre dans la vallée du Mékong.

Pour marquer cette double tendance : respect des droits de Siam, résolution de marcher de l'avant, nous devons immédiatement insister sur l'échange de Co-Samit dans le golfe de Siam, convoité par le gouvernement de Bangkok, contre Stung-Treng, qui fait visiblement partie de nos possessions.

N

Siam

Siam

R. d'Atopeu

Stung Treng

R. Bla

Frontière ?

Siembok

Maison de Sivotha poste aujourd'hui

Frontière ?

Rapide de Preapatang

Cambodge

Cambodge

Passage peu exploré

Rapide

Sambor poste français

Rapide de Sambor

P. Ampil

Sambor

Cambodge (Haut Fleuve)

de Sambor à Stung-Treng. Carte dressée par M. de Tesigny L[t] de V[au] par ordre de M. Reveillère Cap. de V[au] Commandant la Marine à Saigon.

R Rapides parcourus

P Prec ou rivière

C. Ca ou Ile.

Les passes Reveillère et Tesigny sont celles qui ont été franchies par des bâtiments à vapeur

Montée des eaux en 1886 = 14m.65

C. de Tesigny

O

E

APPENDICE

AUX CATARACTES DE KHON

Extrait du Bulletin de la Société de Géographie de Bordeaux, n° 22, 21 Novembre 1887.

Notre *Bulletin* (année 1885, n°s 22 et 23; année 1886, n° 22; année 1887, n° 18) a signalé à plusieurs reprises les efforts faits par nos officiers de marine pour reconnaître et pour assurer la navigabilité du haut Mékong, et les importants résultats qui ont été obtenus.

Voici, sur le même sujet, une lettre de M. Noël Pardon, directeur de l'intérieur en Cochinchine, relative au dernier voyage aux cataractes de Khon. Le haut Mékong est décidément vaincu. — La lettre de M. Pardon nous a été communiquée par M. le capitaine de vaisseau Réveillère.

« Vous savez comment cet excellent de Fésigny a rendu la passe plus facile en faisant couper les arbres et en faisant sauter, à la dernière saison sèche, les roches qui l'obstruaient. Il ne restait plus qu'à prouver le mouvement en marchant et à montrer par exemple qu'une pauvre petite chaloupe de la direction de l'intérieur, le *Doc-Phu-ca*, un petit vapeur des Messageries fluviales, la *Mouette*, pourraient suivre le sillon laissé par le torpilleur 44, le *Préapatang* et l'*Étincelle*.

« Le 20 août dernier, M. Blanchet, directeur par intérim des Messageries fluviales, et moi, sous la direction de M. de Fésigny et accompagnés de MM. de Verneville, Navelle et de Calan, administrateurs des affaires indigènes, secondés par un capitaine des bateaux des Messageries fluviales, nous avons quitté Saïgon, gagné Pnom Penh, puis Krattié, passé facilement les premiers rapides de Sambor-Sambor, touché à Ca Prien, pris haleine à Ca Tanden et piqué de l'avant dans les rapides. Vous les connaissez mieux que personne, les ayant passés deux fois; vous savez de quelle émotion poignante on ne peut se défendre lorsque les chaloupes hésitent et, malgré les 250 ou 280 tours de leur machine, ne se déplacent plus d'une façon appréciable, lorsque restent fixes les repères pris sur les rives, lorsque surtout, par suite des contre-courants de surface, on ne constate plus aucun remous devant la chaloupe, qui semble par conséquent culer en dérive. Toutes ces émotions nous les avons eues pendant quelques minutes qui sont des heures. La chaloupe du résident de Krattié qui nous avait accompagnés, trop faible, est obligée de se replier; les nôtres passent assez bien le premier, le second et le troisième rapides. Les bouées mises par Fésigny sont si visibles, la route est si facile que c'est maintenant tout simplement une question de vitesse, et le directeur des Messageries fluviales et son capitaine nous ont déclaré qu'ils y feraient passer, quand on le voudrait, leurs bateaux des lignes du Cambodge.

«Je me rappelle vous avoir entendu dire: ce qu'il faudrait, c'est faire passer un bateau des Messageries fluviales. Voilà qui est fait.

«Le soir, vers six heures et demie, nous arrivions à Stung-Treng. Hélas, le drapeau français que vous aviez vu flotter sur le poste de Sambor n'y est plus. Le Siam a revendiqué ce poste et avec succès : il y construit maintenant treize maisons, tout un village, pour mieux en assurer la réoccupation; mais ce qu'il y a de plus fort, c'est que le Siam a mis un poste de douane à Kondal Kla, à quelques milles au-dessous de Siemboc, sur la rive gauche, en plein territoire cambodgien, comme l'affirme Aymonnier dans ses notes sur le Laos. Après Angkor et Battambang, après Melon Piey et Toanlé Répon, c'est donc Krattié que l'on entame. Quand comprendra-t-on qu'il ne reste point de temps à perdre pour opérer résolument et avec la dignité de notre droit cette démarcation de frontières que vous demandez? Plus nous tarderons, plus la réalisation de votre beau rêve, la rive gauche à la France, deviendra impossible. Les Siamois, incités par les Anglais, poussent de l'avant, et ferme.

«Vous aviez été bien accueilli par le général siamois, le khul de Stung-Treng. Pour nous l'accueil a été plus que froid, bien que je n'aie pas manqué de produire une lettre du résident général nous accréditant en qualité de touristes hauts fonctionnaires, ni de citer l'exemple de la réception qui vous avait été faite l'année dernière. A ce dernier argument, le khul nous a répondu qu'à cette époque il n'y avait point encore de traité de commerce entre la France et le Siam et que l'on pouvait passer, tandis que ce n'est plus actuellement autorisé (*sic*). Cela m'a semblé le triomphe de la diplomatie.

«Se conformant à cette interprétation du traité de commerce (!), il n'a voulu nous donner ni pilote, ni bois, bien que le vieux pilote qui vous avait conduit se fût présenté à nous dès notre arrivée. Après avoir répondu à ces procédés par toute espèce de politesses et par le cadeau d'un superbe fusil contre un cochon ladre, des poulets étiques et des cocos desséchés, nous nous sommes remis en marche en cherchant notre route à coups de sonde à travers les forêts noyées, nous amarrant pour la nuit en plein courant au milieu de ces effrayants tourbillons que vous connaissez, à quelque tête d'arbre, passant, de Fésigny et moi, des journées entières en yole à chercher la bonne voie; nous avons fini par arriver au village de Ca-Sadam, en vue des remous des premières chutes de Khon. Là nous trouvons heureusement un brave guide laotien, les meilleurs et les plus hospitaliers des hommes, et au bout d'une heure ou deux de navigation dans un assez étroit chenal, bordé à tribord par les montagnes de Khon et à bâbord par des forêts noyées, nous mouillons sous la cataracte même de Samponit, la plus occidentale et la plus puissante. Je doute que personne l'ait vue, au moins à cette époque des hautes eaux; car Garnier lui-même n'en donne qu'une description bien pâle à côté de la vérité, et l'on ne peut rien trouver de plus frappant et de plus admirable. Figurez-vous, vue d'une roche qui avance, une nappe d'eau de 600 mètres de largeur, de 3 ou 4 kilomètres de longueur, qui se précipite à travers les roches d'une hauteur que nous avons tous cru pouvoir évaluer au moins à une quarantaine de mètres; tous nous prenons le vertige, et nous nous retenons aux grandes lianes qui tombent des taos.

« Un grand tao d'une roche un peu avancée émerge son tronc blanc et lisse du toit de la chaloupe, je pique une tête dans les tourbillons, vais ressortir à cette roche et, en lettres d'un pied, aussi profond que je puis, j'y mets un nom : Paul Branda !

« Votre œuvre était accomplie.

« Je vous assure que j'avais le cœur gros en laissant, au village de Khon, de Verneville, de Calan et Navelle qui doivent remonter à Khong, de là se diriger par terre sur Siempang. M. de Fésigny, revenu avec moi jusqu'à Krattié, ira les attendre avec ma brave petite chaloupe « Doc-Phu-Ca ». Je les ai chargés de reconnaître les embouchures de Stung-Treng, de la rivière Chane et du

Bla. Mon rêve serait, à la prochaine saison sèche, de prendre le Bla à sa source, près de Quinhone, et de le redescendre jusqu'à Stung-Treng.

« Il y a peu de commerce pour le moment, mais créez des communications faciles, faites-leur des débouchés, et les produits de toute nature, les produits les plus riches abonderont. On cultive dans tous les villages laotiens l'indigo; j'ai vu presque partout dévider des cocons; on nous a signalé entre Siemboc et Stung-Treng deux pirogues revenant chargées de minerai d'or d'Attopeu. Bassac, où quatre Anglais établis à demeure ont cherché à tourner contre nous les excellentes dispositions du même roi qui a reçu la mission Doudart de Lagrée, enverra du sel jusqu'à Stung-Treng et de là dans toute la région de l'Est. Les cornes et les peaux feront l'objet d'un commerce sérieux.

« Dans nos courtes haltes et pour nourrir nos hommes, nous avons tué deux cerfs, quatre ou cinq chevreuils, un sanglier. A Ca Sadam, Navelle et moi, en chassant, avons trouvé le teck, plus précieux que l'or; il y a du kaolin; la terre alluvionnaire est d'une admirable richesse.

« Quant à Khon et à Stung-Treng, considérés comme positions commerciales, ce sont les clefs de tout le commerce de l'Indo-Chine centrale et orientale. Avec un petit Decauville de 2 kilomètres, on transporterait avec la plus complète facilité les marchandises du pied au sommet des rapides. Au sommet des rapides la navigation recommence libre jusqu'au-dessus de Bassac : un petit bateau à vapeur pourrait les reprendre.

« Nous avons rapporté une carte complète et contrôlée par les observations du retour, de tout le cours du fleuve, des rapides de Préapatang aux cataractes de Khon ; un topo des rapides dressé par deux laotiens du village de Khon, bien insuffisant certainement, mais les noms de chacun des huit bras par lesquels le fleuve se précipite, la position du point d'abordage des jonques au bas des rapides, du village de Khon, du point de reprise de la navigation, du bras que prennent les jonques vides halées à la cordelle, de la direction de la route suivie par les voitures qui transportent les marchandises au-dessus de Khon pour les y réembarquer.

« NOËL PARDON. »

TRAVERSÉE DES RAPIDES DU HAUT-MÉKONG

Lettre de M. de Fésigny, lieutenant de vaisseau, au commandant Réveillère, directeur des défenses sous-marines à Brest.

« COMMANDANT,

« Voici bien longtemps que je n'ai pu causer avec vous de notre mission ; je viens d'avoir deux mois bien occupés, mais aussi, cette fois, je crois que, comme je vous l'avais écrit, nous avons fini par triompher.

« Le résultat obtenu cette fois-ci a largement servi de sanction à nos travaux antérieurs : je viens de passer quatre fois le rapide de Préapatang. Aujourd'hui, les chaloupes le passent sans guide ; mais nous avons fait plus. Pour vous mieux renseigner sur les opérations de ces derniers temps, je vous en fais l'historique de mon mieux. Ainsi que je vous le disais dans ma dernière lettre, une mission était destinée à venir s'assurer sur les lieux de l'importance et de l'utilité des travaux que j'avais exécutés dernièrement. Cette mission, grâce à l'impulsion que donna M. Pardon à l'affaire, fut constituée. Elle se composait de MM. Pardon, de Verneville (administrateur principal), Navelle et de Calan (administrateurs).

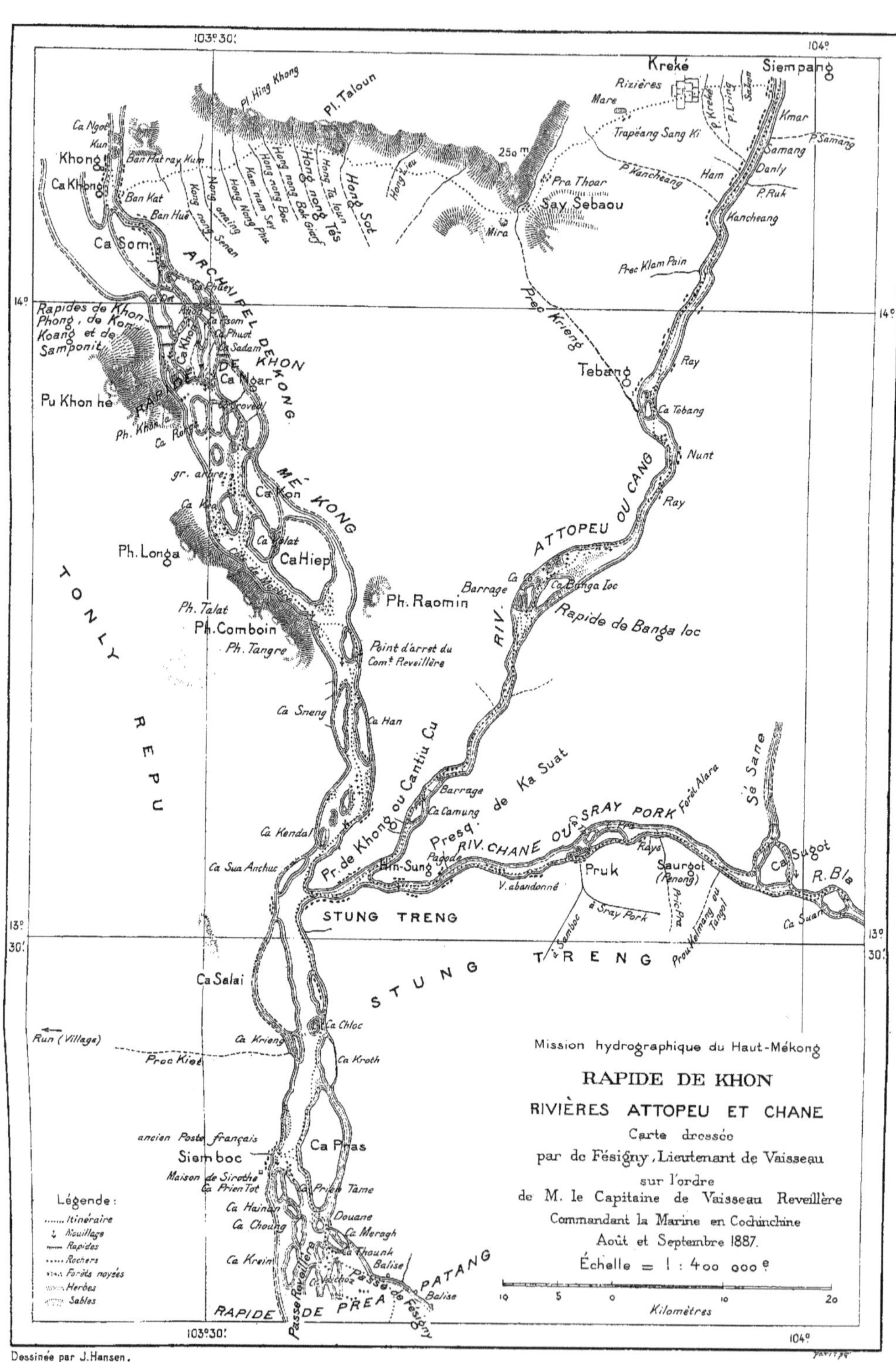

Mission hydrographique du Haut-Mékong
RAPIDE DE KHON
RIVIÈRES ATTOPEU ET CHANE
Carte dressée
par de Fésigny, Lieutenant de Vaisseau
sur l'ordre
de M. le Capitaine de Vaisseau Reveillère
Commandant la Marine en Cochinchine
Août et Septembre 1887.
Échelle = 1 : 400 000e
10 5 0 10 20
Kilomètres
Légende:
Itinéraire
Mouillage
Rapides
Rochers
Forêts noyées
Herbes
Sables
103°30'
104°
14°
13° 30'
Kreké
Siempang
Rizières
Mare
Trapéang Sang Ki
Kmar
P. Samang
Samang
Danly
P. Ruk
Ham
P. Kancheang
Kancheang
Pra Thoar
Say Sebaou
Mira
250m
Pl. Hing Khong
Pl. Taloun
Hong Sot
Ca Ngot
Kun
Khong
Ca Khong
Ban Hat ray Kum
Ban Kat
Ban Hue
Ca Som
ARCHIPEL DE KHON
Rapides de Khon Phong, de Kon Koang et de Samponit
Pu Khon he
RAPIDE
Ph. Khon la
Ca Noar
MÉ KONG
Ca Kon
Ca Hiep
Ph. Longa
Ph. Raomin
Ph. Talat
Ph. Comboin
Ph. Tangre
TONLY REPU
Prec Krieng
Tebang
Ray
Ca Tebang
Nunt
RIV. ATTOPEU OU CANG
Barrage
Ca Banga Loc
Rapide de Banga loc
Point d'arrêt du Comt Reveillère
Ca Sneng
Ca Han
Pr. de Khong ou Cantiu Cu
Presq. de Ka Suat
Barrage
Ca Camung
Ca Kendal
Ca Sua Anchuc
Hin-Sung
Pagode
RIV. CHANE OU SRAY PORK
Forêt Alara
Sé Sane
Pruk
Saurgot (Penong)
V. abandonné
à Sray Pork
Ca Sugot
R. Bla
Ca Suan
STUNG TRENG
STUNG TRENG
Ca Salai
Ca Chloc
Run (Village)
Ca Krieng
Prec Kiet
Ca Kroth
ancien Poste français
Siemboc
Ca Pras
Maison de Sirothe
Ca Prien Tot
Ca Prien Tame
Ca Hainan
Ca Choung
Douane
Ca Meragh
Ca Thounk
Balise
Ca Krein
Passe Reveillère
Passe de Fésigny
RAPIDE DE PREA PATANG
Dessinée par J. Hansen.

« Cela ne me suffisait pas, il fallait en mettre les Messageries fluviales.

« Nous finîmes par décider M. Blanchet, le nouveau directeur, non seulement à venir, mais encore à nous donner un de ses nouveaux bâtiments (*la Mouette*), moitié chaloupe, moitié bâtiment; j'emmenai en outre M. Courandy, qui me servait de secrétaire, et M. Le Coq, le capitaine des Messageries destiné à faire ce service. Cela faisait un total de huit personnes embarquées sur la *Mouette* et le *Dog-Phu-ca*. Je fus assez fortement occupé pendant trois semaines aux préparatifs de cette expédition, dont tous les soins m'incombaient; enfin, le 16 août, nous étions prêts à partir.

« Je ne vous parle pas du voyage jusqu'à Krattié, il n'offre pas d'intérêt. A Krattié, nous prenons une autre chaloupe, celle du poste. Celle-ci était plus petite et assez volage, je voulus cependant faire l'expérience. De Krattié à l'entrée du rapide de Ca-Tanden, rien de particulier. A Ca-Tanden, je prends la tête dans la petite chaloupe de Krattié, tout va bien au commencement; mais, au milieu du rapide, la petite chaloupe, dont la pression est très inégale, ne peut plus étaler; je fais un signal aux autres chaloupes et nous redescendons le rapide en culant. Nous avions fait la route marquée sur la carte que je vous ai envoyée et avions pris celle qui passe sur les bancs que j'ai fait sauter. C'est aujourd'hui un enfantillage. Aussitôt de retour à Ca-Tanden, nous évacuons la chaloupe de Krattié et repartons avec la *Mouette* et le *Doc-Phu-ca* (mon avis est cependant que la petite chaloupe aurait passé facilement, si j'avais manœuvré, comme je l'ai fait ensuite, en venant directement sous les deux balises du rapide). Aussitôt partis, nous entrons de nouveau dans le rapide, que nous passons sans trop de difficulté. J'avais avec moi l'interprète Wood, celui qui vous accompagnait dans votre voyage avec les chaloupes, et Kim, un autre interprète. Au sortir de la passe du rapide, nous continuons la route en prenant, d'après les indications de Wood, la route que vous avez suivie et arrivons le soir à Stung-Treng, après un court arrêt à Siemboc. Vous connaissez cette route, je me garde donc de vous en faire la description.

« A Stung-Treng, nous échangeons des visites avec le général. Cet excellent homme a reçu un blâme sévère de Bangkok pour vous avoir donné un guide, et il a des ordres formels pour ne donner assistance à aucun officier français voyageant en Laos sans un passeport de Bangkok. Aussi nous refuse-t-il, malgré nos cadeaux, toute assistance, soit en bois, soit en guide. Nous nous décidons à nous passer de son concours. Au rapide de Konhdin, dont vous avez donné la description, nous nous arrêtons pour étudier le passage. Mes sondes me donnent un très bon passage, en naviguant de façon à suivre la forêt noyée qui le borde dans l'est. Les courants et les tourbillons sont assez faibles, les eaux ayant descendu. De retour à bord, nous appareillons et faisons route en suivant toujours l'itinéraire que vous aviez adopté et nous arrêtons le soir à l'est de la petite île où vous avait arrêté l'avarie de l'une de vos chaloupes. Le soir et le lendemain matin, nous trouvant devant un fleuve complètement inexploré, au moins au point de vue de la navigation, nous commençons en embarcation un travail de sondage. M. Pardon et moi, chacun dans une embarcation, allons chercher quelle est la passe que nous devons suivre.

« Plusieurs têtes d'îles se trouvent en face de nous; il s'agit de savoir en quel point il faut chercher une passe. Nous nous décidons à suivre la rive droite, en longeant le pied des collines qui viennent aboutir au fleuve. Le fleuve est très pittoresque, mais, à mesure que nous montons, le courant devient rapide, et nous arrivons dans une forêt noyée, profonde, mais dans laquelle il est difficile de distinguer un chenal. L'heure avançant, nous revenons, nous promettant de remonter avec les chaloupes, après avoir pris un nouveau point de départ. En descendant, un sampan laotien nous indique de quel côté se trouve la passe que nous devons suivre. Nous essayons en vain de déterminer l'un des rameurs à nous accompagner. Nous continuons donc à descendre, et l'après-midi, venons mouiller au sud-ouest de l'île Ca-Kolai. Remontant en embarcation le long de l'île avec M. Pardon, nous venons en descendant longer l'est de Ca-Keo, où nous trouvons un beau chenal bordé des deux bords par la forêt noyée. Nous nous y engageons immédiatement avec les chaloupes et, le soir, allons nous amarrer à un arbre noyé un peu au nord de Ca-Keo. Le lendemain, nous continuons à remonter ce chenal. Le fond est grand et nous nous hasardons à continuer, nous fiant un peu à notre bonne chance au milieu de ce dédale de buissons noyés. Enfin, la forêt noyée cesse et nous trouvons les abords francs des îles formant le grand archipel de Kong. Les fonds sont grands partout, le courant ordinaire. Nous coupons peu à peu de l'est à l'ouest et finissons par arriver au village de Ca-Sadam, situé au sud de l'île de ce nom et presque au centre du groupe d'îles formant le véritable barrage de Khon (et non Kong qui est au-dessus des chutes). Nous trouvons là un véritable village laotien. Les habitants nous reçoivent parfaitement, l'un d'eux s'offre pour nous conduire au pied des chutes. Nous appareillons et venons prendre un petit passage très étroit à l'est de Ca-Khon. Dans ce passage, le courant est violent; en nous approchant de la partie nord de l'île, nous commençons à voir bouillonner l'eau et la chute se découvre peu à peu. Passant entre ces grands courants et l'île, nous venons mouiller en plein ressac de la chute dans une petite anse sablonneuse située à toucher le bas de la cataracte. Dans cette petite anse, le ressac a près de $0^m,40$; le contre-courant est fort. Devant nous, nous avons la chute, qui en ce point est large, formant le point de réunion des trois rapides de Khon-Phong, de Kon-Koang et de Samponit. Jusqu'à près de trois milles en avant de nous le fleuve bouillonne, s'étageant en chutes successives. Les montagnes d'eau se soulèvent lentement, puis s'écrasent pour recommencer leur mouvement d'ascension : c'est merveilleux, mais infranchissable. La plage où nous avons accosté est le point de transit adopté. Deux kilomètres et demi de route en voiture à bœufs suffisent à transporter les marchandises au village de Khon, qui, placé au-dessus des chutes sur un autre bras, sert de tête de ligne aux jonques remontant. Ce transbordement est donc peu de chose, un petit Decauville de deux kilomètres suffit à l'effectuer. Le problème n'est pas encore cependant suffisamment étudié ; des renseignements pris à Ca-Sadam laissent supposer que la passe à l'est de cette île pourrait être navigable ; c'est à vérifier. En tout cas, nous savons que les vapeurs exploitant le fleuve dans le haut et le bas peuvent venir s'accoster à deux kilomètres et demi l'un de l'autre. Nous passons quelques heures à visiter le village de Khon, les chutes (dont l'ensemble forme, je pense, ce que M. de Lagrée nomme les chutes de Salaphe), et enfin la véritable cascade au-dessus de laquelle se trouve le village de Khon. Le soir, il faut bien quitter ce petit mouillage si pittoresque ; nous redescendons. En un rien de temps le courant nous ramène à Ca-Sadam, où nous passons la nuit. De Ca-Sadam on jouit d'une vue superbe. Dans le sud et l'est, toutes les têtes d'îles formant la partie inférieure du rapide de Khon, dans l'ouest, les montagnes formant un grand fer à cheval, et tout près, dans l'ouest, la montagne de Khon dont nous venons de contourner la base. Le tout est couvert de forêts superbes. Les habitants nous affirment qu'elles contiennent de l'or, mais nous ne pouvons avoir de renseignements certains à ce sujet. De Ca-Sadam, toute la nuit, nous entendons le mugissement des cataractes. Le soir, les gens du village nous donnent un petit concert accompagné de la flûte laotienne. La musique est monotone, mais l'instrument lui donne beaucoup de douceur. Le chant est une improvisation. Le soir nous nous décidons à scinder en deux notre expédition : MM. de Verneville, Navelle et de Calan vont remonter le Kon à Kong; de Kong, ils prendront la route de Siempong, où je tâcherai de les rejoindre avec une chaloupe, après avoir ramené à Krattié M. Pardon, qui ne peut rester plus longtemps, et le reste de la mission.

« Nous en avons fini d'ailleurs pour le moment avec le fleuve; il nous faut explorer Atopeu et le Sray Pork ou le Bla.

« Dans l'île Ca-Sadam, le lendemain matin, nous trouvons du teck, que l'on disait n'exister qu'au-dessus de Bassac. Le 30 août, nous nous séparons; je reconduis à la plage de sable la mission de M. de Verneville et son matériel, et je redescends à Ca-Sadam. Nous en repartons immédiatement avec les deux chaloupes, et le lendemain nous étions à Krattié, d'où repartait le soir même M. Pardon, ainsi que MM. Blanchet et Lecoq, avec la *Mouette*. M. Pardon me laissait gracieusement le *Dog-Phu-ca*, qui est la chaloupe du directeur de l'intérieur, pour continuer mes travaux.

« Je passais trois jours à Krattié, et le dimanche je repartais avec M. Courandy, à bord du *Dog-Phu-ca*. La montée jusqu'à Stung-Treng est enlevée rapidement; nous sommes faits au rapide, et de Stung-Treng nous commençons à remonter la rivière d'Atopeu. Le fleuve est large et beau. Le premier obstacle que nous trouvons est un barrage situé au nord de Ca-Camung. Ce barrage est facile à franchir. Sans me préoccuper du chenal le meilleur (ce qui sera à déterminer plus tard), je le franchis par la passe la plus rapprochée de terre, et nous continuons notre route. Le lendemain, nous arrivons en face du rapide de Ca-Bangâ-ioc. Je mouille à toucher l'île de Ca-Ko, et vais explorer le rapide. Les sondes me démontrent que je n'ai pas pris la bonne route; je me décide à explorer la passe à l'est. En quittant mon mouillage, je heurte une tête de roche, sans me faire d'avarie. Apercevant deux grands sampans laotiens, je me dirige sur eux, pour avoir un renseignement et tâcher d'envoyer des vivres à la partie de la mission qui est dans le Nord. Je me heurte encore au même refus systématique; la peur de Bangkok paralyse la bonne volonté des indigènes. L'eau baissait; dans ce fleuve, on peut craindre des baisses de un à deux mètres dans la journée. Je me décide donc à redescendre au-dessous du premier barrage. Depuis Krattié, nous n'avions pas encore éteint les feux de la chaloupe. Je profite donc du lendemain pour visiter et réparer ma machine. Une hausse assez importante se produisant dans la nuit, je me décide à remonter et à essayer de franchir le rapide. J'étais un peu inquiet, je n'avais pu obtenir aucune nouvelle de la mission de Verneville, Navelle, de Calan ; tout ce que je savais, c'était leur arrivée à Kong; mais depuis la veille leurs vivres devaient être épuisés (il est vrai que dans ce pays trois chasseurs ne peuvent manquer de subvenir à leurs besoins). Ils pouvaient être arrêtés par le manque de passeports ou par la maladie de l'un d'entre eux.

« Aussitôt la machine réparée, je fais de nouveau route pour le rapide, et viens m'accoster à la pointe sud de Ca-Ko. Le soir même j'explore le rapide entre les deux îles. Ce passage a besoin d'être vu aux basses eaux; néanmoins, tel qu'il est, je pense qu'il est praticable, et, le lendemain matin, je continue ma route vers le Nord. Le rapide est franchi sans grande difficulté; et, au delà, nous retrouvons le fleuve libre et profond jusqu'à Siempang. J'aurais pu continuer l'étude au-dessus de Siempang, mais j'ai pensé que cela me conduirait au delà des limites que nous nous étions fixées, et nous avions encore à explorer le Sray-Pork avant la grande baisse des eaux. Nous avions rencontré la mission de Verneville à quelques milles au-dessous de Siempang. Tout le circuit de Stung-Treng, Khon, Khong, Siempang était exploré. Siempang est placé trop bas sur la carte; il est actuellement à l'amorce de la route du Nord qui fait communiquer Kong avec Atopeu, soit à environ 15 milles plus au nord que ne l'indique la carte. Les bords de la rivière sont très habités jusqu'à Ca-Cammung; et, à partir du dessus des rapides, la végétation est assez médiocre, si surtout on la compare à celle des montagnes de Khon. Dans le nord-est de Siempang nous apercevons les montagnes de Manuc. En dehors de cela, les berges sont basses, le terrain en partie inondé aux basses eaux. On parle beaucoup des sables aurifères amenés d'Atopeu. Je n'ai pu m'en procurer d'échantillon; une jonque qui, dit-on, en contenait, nous a glissé entre les doigts.

« Le but que nous voulions atteindre dans Atopeu étant atteint, nous n'avions qu'à commencer la troisième partie du travail, qui consistait à explorer le Sray-Pork. Nous avions deux branches à peu près d'égale longueur du réseau, dont le centre se trouve à Stung-Treng; il nous fallait la troisième et au moins sa première amorce. La mission se trouvait de nouveau reconstituée et composée de MM. de Verneville, Navelle, de Calan et moi; M. Courandy, secrétaire. Il fut décidé que nous descendrions immédiatement. Nous faisons donc immédiatement route vers le Sud. En passant le rapide, nous rencontrons bien une roche, mais nous passons dessus sans avarie (question d'habitude), et venons passer la nuit au-dessous du premier barrage. Pendant tout ce temps nous sommes affligés de pluies torrentielles. En allant de Kong à Siempang, M. de Verneville et ses compagnons sont obligés de dîner sur une table dont les pieds sont à moitié sous l'eau ; il en est naturellement de même de leurs jambes.

« Le 10 septembre, après avoir redescendu la rivière d'Atopeu, nous entrons dans le Sray-Pork. Cette rivière, qui reçoit les eaux de Sé-Sane et du Bla, est superbe; elle est large et profonde. La crue, qui est forte, occasionne un courant rapide. Nous nous arrêtons un instant au village de Hin-Sung, qui n'offre aucun intérêt, et continuons jusqu'au village de Pruk.

« Pruk est un village intéressant. C'est l'amorce de deux routes, dont l'une conduit à Sray-Pork, l'autre à Samboc. C'est là que se fait le transbordement des marchandises qui ne veulent pas aller chercher Stung-Treng ou les rapides de Préapatang. C'est la route de terre. Le village est assez grand et bien cultivé. J'y ai pris un échantillon de cette cire spéciale qui remplit le creux des arbres et sert à garnir les vases ou petits bateaux en treillis de rotin ou de bambou. Partout nous trouvons les préparatifs de la fête des eaux. Un peu au-dessus de Pruk se trouve le premier rapide. Si l'on en juge par les remous de l'eau et par le dire des gens du pays, les roches qui le forment doivent être énormes ; mais il est très court; nous le passons facilement, et retrouvons le fleuve profond. Nous continuons notre route et arrivons enfin à Ca-Sugot, qui se trouve au confluent des deux rivières. C'était là le but de notre troisième expédition; nous voulûmes cependant explorer l'entrée des deux rivières. Nous remontons donc le Sray-Pork; et, par le travers de Ca-Swan, trouvons un rapide.

«Ce rapide ne paraît pas difficile; mais nous pensons que le temps qui nous reste ne nous permet pas de continuer cette exploration. Il faudrait, pour qu'elle eût quelque intérêt, la pousser jusqu'à Sray-Pork (village) ou à l'embouchure du Bla. Marchant vers l'inconnu, cette étude demanderait beaucoup de temps, et nous redoutons la baisse des eaux. Le Sray-Pork monte, il est vrai, mais nous ignorons ce que fait le Mé-Kong, dont le régime est différent de celui de ses affluents. Nous revenons donc en arrière, et venons mouiller à l'entrée du Sé-Sanc (rivière Sézame). Un peu dans le nord du groupe des îles Suguot, nous trouvons un nouveau barrage qui ne paraît pas être plus difficile que celui du Sray-Pork. Ce sont MM. Navelle et de Calan qui vont explorer ce point.

«Tel qu'il est, cependant, nous ne pensons pas devoir continuer l'exploration de cette rivière. Nous avons de tous côtés poussé notre exploration, au point de vue navigable, à une distance variant de 30 à 45 milles. Ce sont plus de 100 milles acquis à la navigation, sans compter les 90 milles que nous avions franchis précédemment.

« L'étude des trois rivières peut être continuée. J'espère que les travaux commencés ne s'arrêteront pas là. La somme des dépenses faites ne dépasse pas 10,000 francs depuis le commencement des travaux; il n'y a eu à regretter ni avarie de bâtiment, ni même maladie passagère dans le personnel ayant fait partie des diverses campagnes que nous avons faites depuis bientôt quatre ans. Or, comme je vous le disais, il est impossible que ces 10,000 fr. soient mal placés et ne rapportent pas un intérêt de 500 fr. Ce serait douter absolument de notre intelligence. Les ordres de Bangkok sont une preuve de la crainte qu'éprouve la cour de Siam de voir les produits de ces régions prendre la route du Cambodge. Mais il y a à lutter.

« Le 13 septembre nous redescendons la rivière, faisant un léger arrêt à un village pnong, situé à 5 milles au-dessous de l'embranchement des deux rivières (village de Saurgol). Nous nous arrêtons deux heures à Stung-Treng, et le soir nous étions mouillés à Sambor. Les eaux étaient hautes; nous avons eu de beaux tourbillons à Prasco et au-dessus de Préapatang.

« Cette année, les eaux, à Krattié, ont monté de seize mètres; j'ignore si elles ne vont pas continuer leur mouvement.

« En résumé, les fleuves du Laos sont aujourd'hui reconnus navigables à 35 milles environ sur tous les cours d'eau aboutissant à Stung-Treng. Il reste à voir dans chacun des bras ce qu'il serait encore possible de faire.

« Je vous envoie un croquis du travail fait. Ce n'est qu'un croquis, qui cependant différera peu du travail final; les distances relatives seules seront modifiées.

« Arrivé hier seulement à Krattié, je n'ai pas encore commencé mon travail de bureau ; je vous en offre la primeur.

« Veuillez agréer, etc.

« DE FÉSIGNY. »

« Pour copie conforme :

« RÉVEILLÈRE. »

LE MEÏKONG

La Dépêche de Brest, 6 Juin 1888.

Les magnifiques travaux de M. de Fésigny, dont le commandant Réveillère a été le promoteur, viennent enfin de recevoir une sanction pratique. Tout le monde sait que la compagnie des Messageries fluviales de Cochinchine a demandé et obtenu le prolongement de son réseau jusqu'à Stung-Treng avec l'intention de l'étendre jusqu'à Khon et Siampang. La voie est ouverte; près de 200 milles sont déjà conquis à la navigation.

L'importance capitale de l'entreprise de MM. Réveillère et de Fésigny vient d'être démontrée par un fait nouveau, qui est, on peut l'affirmer, un des événements considérables de l'extrême Orient.

Un explorateur français, M. Gauthier, parti de Bangkok, vient de parcourir le fleuve de Luang-Prabang à Khon. A la suite de cette exploration il a déposé entre les mains du gouverneur général un projet de création de deux lignes de vapeurs s'étendant, la première, de Khon à Kemmarat, la seconde de Kemmarat à 60 milles au-dessous du Luang-Prabang.

La première ligne, de 300 kilomètres, desservirait le

royaume de Bassac et la province d'Oubonne, c'est-à-dire la partie la plus riche du Laos. La seconde, de 600 kilomètres, partirait de Kemmarat et s'étendrait jusqu'aux rapides qui précèdent Luang-Prabang, c'est-à-dire presque aux confins de la Birmanie. Il est inutile d'insister sur les avantages de ce projet; M. Gauthier a pu obtenir à Bangkok le chiffre exact du trafic enregistré aux douanes entre le Laos et Siam. Ce chiffre est considérable; la ligne des caravanes, qui passe par Oubonne, met quarante jours pour se rendre à Bangkok, perdant la moitié de ses bœufs trotteurs et de ses éléphants, souvent pillée.

Sans doute aucun, les produits du Laos, au lieu de suivre la route d'Oubonne pour se rendre à Bangkok, prendraient la voie fluviale pour aboutir à Saïgon, surtout si l'on apporte quelque tempérament au régime fiscal inauguré depuis peu dans ces parages.

Une autre considération donne une grande importance à l'établissement de ces lignes. Les Siamois ont une grande tendance à empiéter sur les territoires de l'Est. Successivement ils envahissent le Cambodge et s'avancent vers l'Annam et le Tonkin. Le jour où, dominant Bangkok par la mer, et le fleuve par nos vapeurs, nous voudrons arrêter ce mouvement d'expansion, il n'y aura plus besoin de colonnes lointaines grevant le budget et occasionnant, par leur seule présence, des incidents dans des pays montagneux où aucun intérêt sérieux ne nous appelle.

C'est ce qu'a compris le gouverneur général le jour où il a demandé le retrait de ces colonnes; c'était également la pensée qui guidait le commandant Réveillère, lorsqu'il appuyait avec tant d'énergie sur la nécessité de marcher de l'avant sur le Meïkong.

Rien ne peut s'opposer à notre extension sur le fleuve; les populations qui le bordent, à peu près indépendantes, reconnaissent à peine la suzeraineté de Siam.

D'ailleurs, les traités avec le royaume de Siam nous reconnaissent formellement le droit de naviguer sur tout le parcours du fleuve, et c'est là l'important.

Il faut que le Meïkong soit un fleuve français, du moins par nos navires et notre commerce; si nous ne le remontons pas, il se trouvera un voisin pour le descendre.

Strasbourg, typ. G. Fischbach. — 4760.

OUVRAGES DU MÊME AUTEUR

	Fr. C.
Réformes navales : *La France sur l'Océan. — Paris, port de mer.* Brochure in-18. 1888	1 —
La Mer universelle : *La France sur l'Océan.* Brochure in-18. 1888	1 —
Ça et là. — Cochinchine et Cambodge. — *L'âme Khmère. — Ang-Kor.* 1 vol. in-12	3 50
Soleil d'automne. 1 vol. in-12	3 50
Autour du monde. 1 vol. in-12	3 50
Contre vent et marée. 1 vol. in-12	3 50
Lettre d'un marin. — Calédonie. — Le Cap. — Sainte-Hélène. 1 vol. in-12	3 50
Les trois Caps, journal de bord. 1 vol. in-12	3 50
Réflexions diverses. Séries I à IX. 9 vol. in-18 à	1 —
En mer. 1 vol. in-12	1 —
Récits et Nouvelles. 1 vol. in-12	1 —
Mers de l'Inde. 1 vol. in-12	2 —
Mers de Chine. 1 vol. in-12	2 50
Un jour à Monaco. 1 vol. in-18	1 —
A Barcelone. 1 vol. in-18	1 —
Pouvoir spirituel et pouvoir temporel. Brochure in-12	— 60
La Représentocratie. Brochure in-8°	1 —
De la République constitutionnelle. — Calhoun. — Étude sur le gouvernement des États-Unis. Brochure in-12	— 50
La République rurale. 1 vol. in-12	1 50
République et Gouvernement en province. Brochure in-8°	— 75
Liberté départementale. Brochure in-8°	— 30
Commune et République. Brochure in-8°	— 50
Communeux. Brochure in-8°	— 40
Monarchie et République. Brochure in-12	— 50
L'Assemblée Perpétuelle. Brochure in-12	— 40
Les Droits de l'homme. Brochure in-12	— 80
La Religion et l'Instruction aux États-Unis. Brochure in-12	— 50
La Démocratie et la Liberté. Brochure	— 50
La Colonne. Brochure in-8°	— 25

Strasbourg, typ. G. Fischbach. — 663.

www.ingramcontent.com/pod-product-compliance
Lightning Source LLC
LaVergne TN
LVHW020346230826
846091LV00003B/1014

* 9 7 8 2 0 1 2 8 9 4 2 4 2 *